米粉 の つくりおきおやつ

今井ようこ

米粉のつくりおきおやつについて

1 〝卵、小麦粉、乳製品を使わない〟

米粉が主役のおやつ

2 粉を混ぜすぎてもOK！

米粉の生地は失敗知らず

本書のおやつは米粉が主役で、卵、小麦粉、乳製品を使いません。米粉のお菓子は消化がよく、胃もたれしにくい特徴があります。私の教室では、もともと小麦粉をベースにバターや白砂糖がたっぷり入ったお菓子が好きだったのに、乳製品の代わりに植物油や大豆製品、白砂糖の代わりにてんさい糖やメープルシロップを使う米粉のおやつを一度食べたら、「こっちのほうがおいしい！」という生徒さんをたくさん見てきました。身体にやさしいうえに、甘みも満足感も申し分なし！

お菓子作りに慣れていない初心者にこそ〝米粉〟はおすすめ。最大の理由は生地が作りやすいから。小麦粉の場合は、粉をふるわないと焼き上がったお菓子に粉の粒（ダマ）が残る、混ぜ方をまちがえると食感が固くなるといった失敗をしがちです。一方、米粉は粒子が細かいので事前にふるう必要がなく、グルテンが含まれていないため混ぜ過ぎる心配もありません。ボウルなどの調理道具にねばつきが残りにくく、洗いものもササッと終了！

3 週末にまとめてつくりおき

好きなときに作ってストック

4 サクッ、ほろ、ふんわり

飽きのこない食感

本書で紹介するお菓子の基本的な保存期間は、クッキー類が常温2週間、ケーキ類が冷蔵2〜3日・冷凍2〜3週間。つくりおきしてもおいしさがキープできるように水分の多い材料は控え、粉の配合や焼き時間にこだわりました。また、おすすめの保存方法や温め直し法も提案しています。時間があるときに数種類作って、びんに入ったクッキーをつまんだり、冷蔵庫からケーキを出して軽食にしたり、ライフスタイルに合わせて楽しめます。

すべてに米粉を使っているとは思えないほど、お菓子の表情はさまざま。クッキーだけでも、サクッ、カリッ、ほろ、ザクザクなどいろいろな食感があります。そのちがいは、米粉にプラスするアーモンドプードルや片栗粉、植物油やてんさい糖などのバランスです。ケーキ類にはさらにベーキングパウダーや重曹を加え、ふんわり、しっとり、やさしい口あたりに。ナッツやドライフルーツなどの具材で変化をつけた毎日食べたいラインナップです。

CONTENTS

[この本の約束ごと]

・ 大さじ1は15㎖、小さじ1は5㎖、1カップ
　は200㎖です。

・ 「ひとつまみ」とは、親指、人さし指、中指
　で軽くつまんだ量のことです。

・ 使用するオーブンの熱源や機種によって、
　加熱時間や加熱温度、焼き上がりに多少
　差があります。レシピの表記時間や温度
　を目安に様子を見ながら調整してくださ
　い。

・ お菓子の日持ちは目安です。季節や気温
　によって冷蔵・冷凍保存をしてください。

・ 電子レンジの加熱時間は600Wのものを
　基準にしています。500Wの場合は1.2
　倍の時間を目安にしてください。

・ お菓子の解凍方法や解凍時間は使用す
　る電化製品に合わせて調整してください。

・ レモンやオレンジの皮は国産のものを
　使ってください。

基本の材料

お菓子を構成するのは、粉、水分、油、甘味の4つ。本書では小麦粉の代わりに米粉を主体として
大豆製品や植物油、てんさい糖などを使った、身体にやさしいお菓子を作ります。
各材料の特徴をおさえて商品選びにお役立てください。

小麦粉の代わりに！ 米粉

米粉のお菓子は生地自体にも香ばしさと懐かしい甘さが感じられます。
右ページで紹介する粉類も含め、開封後はしっかり密封し、
高温多湿を避けた涼しいところで保管を。野菜室での保存もおすすめです。

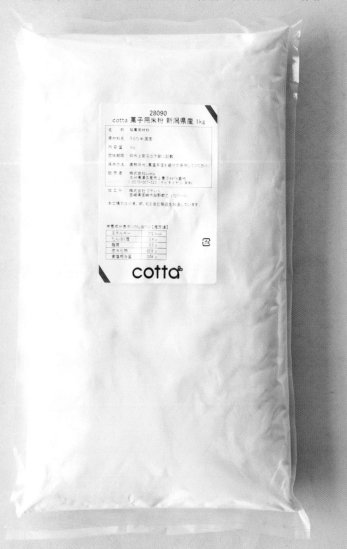

クッキーはサックサク、
ケーキはしっとりもちっ！

米粉の原料は吸水性の高い米。水分をしっかりとばして焼くクッキーはサクほろ食感に、水分が多めのケーキ類はしっとりもちっとした食感になります。また粒子が小さくサラサラとしているので、焼き上がった生地のきめは細かく口どけがいいのも特徴。米粉には製菓用と製パン用があるので、お菓子作りには必ず製菓用を選びます。

グルテンの心配なし！
加える水分量と乾燥に注意

米粉にはグルテンが含まれないので、小麦粉を使う生地のように混ぜすぎて生地が固くなることはありません。気をつけたいことは2つ。1つめは加える液体の量です。もともと米粉の種類によって吸水率にはちがいがあり、作る日の気温や湿度、未開封か使いかけといった粉の保存状態によっても変わってきます。液体を加えるときは、レシピの分量を基準に足したり減らしたりして調整しましょう。2つめに大事なのが乾燥させないこと。クッキー生地を冷蔵庫で寝かせる際はラップでしっかり包み、焼き上がったケーキ類を保存するときはラップや密閉容器で乾燥を防ぐとひび割れやパサつきを抑えられます。

菓子用米粉 新潟県産★

粉類その他

生地の骨格を作る粉は、米粉のほか、アーモンドプードルや片栗粉をブレンドして風味や食感をプラスし、ふっくらと焼き上げるケーキ類にはさらにベーキングパウダーや重曹を加えます。

アーモンドプードル

アーモンドを粉末にしたものでコクと風味を加えます。皮付きと皮なしの2タイプあり、本書では皮なしタイプを使用。開封後は酸化しやすいため、密封して冷蔵か冷凍保存し、使うときは常温に戻します。別名アーモンドパウダーともいいます。

片栗粉

じゃがいものでんぷんから作られています。余分な水分を吸収してサクッとさせるために加えます。入れすぎると粉っぽく感じることもあるので、分量を守って。

オートミール

平たくしっかりした粒のロールドオーツ（トラディショナル）と粒を細かく砕いたクイックオーツがあります。素材感を楽しみたいグラノラにはロールドオーツが◎。アメリカンクッキーにはお好みのタイプを。

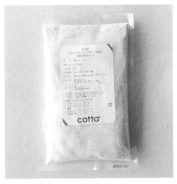

おからパウダー

クッキーなどにカリッとした食感を与えます。メーカーによってパウダーの細かさにちがいがありますが、お菓子作りにはできるだけ細かいサラサラとした粉末タイプがおすすめ。米粉や液体ともよくなじみます。
おからパウダー（微粉末タイプ）★

ベーキングパウダー

生地をタテにふくらませ、ふっくらさせるために使います。水分と反応して炭酸ガスを発生させるので、液体を加えたら手早く混ぜてすぐ生地を焼くこと。開封後、古くなるとふくらませる力が弱まるため湿気厳禁。保存袋に入れ常温で保管します。アルミニウムフリータイプを使用。

重曹

ベーキングソーダともいい、加熱すると炭酸ガスが発生します。生地を横にふくらませ、焼き色がつきやすいのが特徴。入れすぎると特有の苦みや塩味が出るので分量は正確に。〝食品用〟と表示されているものを選びます。

★の入手先はcotta⇒詳しくはP88　　★以外の入手先⇒インターネットや製菓材料店で購入可

乳製品の代わりに！ 大豆製品

牛乳やチーズは大豆を原料にした食材に置き換えます。水切りをする、バニラビーンズや
レモン汁を加えるといった工夫で、できあがったお菓子に大豆のにおいが残らず軽やかな味わいです。

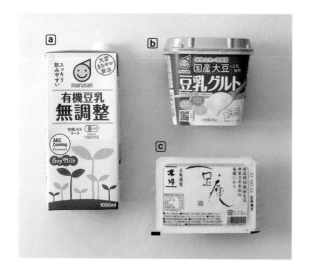

a 無調整豆乳

原材料が大豆と水のみの成分無調整豆乳を使います。生地とのなじみ具合が変わるので濃厚タイプは避けて。また、調製豆乳は砂糖や香料などが入っていてお菓子の味が変わってしまうため不向きです。

b 豆乳ヨーグルト

豆乳を乳酸菌で発酵させたヨーグルト。牛乳のヨーグルトに比べて固めなので、計量は一旦かき混ぜて水分となじませてからが◎。スコーンの生地に混ぜたり、水切りしてチーズケーキに使ったりします。

c 木綿豆腐

本書では豆腐クリームやブラウニーなどに使います。絹ごしだと水分が多すぎるので、必ず木綿を選び水切りはしっかりと。焼き上がったお菓子に豆の香りが残るので、あまり濃厚ではないものがおすすめ。

バター、卵の代わりに！ 植物油

バターを使わないとサクッとしない、卵を入れないと生地がまとまらないといった心配はいりません。
植物油と水分を乳化させれば、食感のいい生地が作れます。3種類とも抗酸化力が高いのでおいしさ長持ち。

a 米油

玄米を精米したときに出る米ぬかを原料にした植物油。風味や香りにクセがなく手ごろな価格です。酸化に強いためつくりおきしてもお菓子の味が落ちにくく、軽い味わいで胃が疲れにくい特徴があります。

b ココナッツオイル

植物油の中でもっとも酸化しにくく、クッキー生地に使うとサクサク感が強くなります。低温になると固まる性質なので冬場は湯せんで溶かしてから使います。お菓子の風味を邪魔しない無臭タイプを選んで。

c オリーブオイル

種類が豊富なオリーブオイルは、個性的なタイプよりも香りや風味がおだやかなものがおすすめ。塩味ベースの生地と相性がよく、酒粕クラッカーやローズマリーとタイムのスコーンに使用しています。

白砂糖の代わりに! | 甘味

さとうきびを原料にした白砂糖は、血糖値が上がりにくい糖分に置き換えます。
てんさい糖、メープルシロップ、はちみつ、甘酒などを使いますが、液状のものはそれぞれ
粘度や甘みの質にちがいがあるので入れ換えはNG。また、甘みを減らすために分量を減らすと、
生地のひび割れや食感が悪くなる失敗につながるのでレシピを守りましょう。

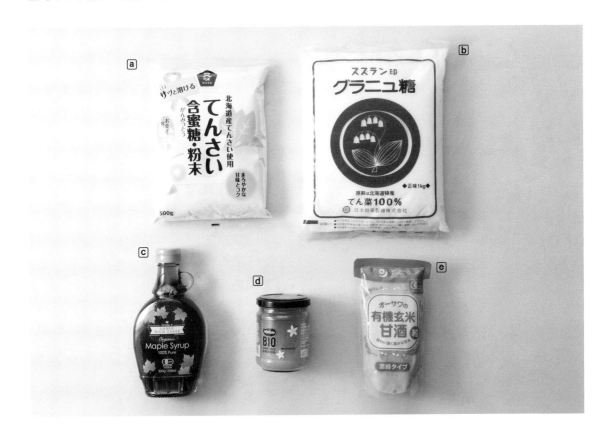

a てんさい糖

北海道産のてんさい（ビート）を原料にした砂糖。クセがなくまろやかな甘さで薄い茶色をしています。粒子が粗いものもありますが、溶けやすい粉末タイプを選びましょう。

b てんさいグラニュー糖

てんさい糖を精製してグラニュー糖にしたもの。甘さだけではなく粒々とした砂糖の食感を楽しみたいクッキーやパイの表面にまぶします。見た目のアクセントにもなります。

c メープルシロップ

サトウカエデなどの樹液を煮詰めて作られる天然の甘味料です。しっかりとした甘さに加えて、コクや特有の風味もあります。砂糖や着色料が添加されていないピュアなものが◎。

d はちみつ

フルーティな香りと甘さがあります。お菓子の風味をさまたげないレンゲやアカシアなど、クセがない種類を選びましょう。はちみつを入れると焼き色がつきやすいので、温度と加熱時間を守ることが大切です。

e 甘酒

ノンアルコールで味わい深く豊かな甘みがあります。今回は玄米の甘酒を使いましたが、砂糖が添加されていない米麹甘酒なら好きなものでOK。トロリとした濃縮タイプを選んで。

基 本 の 道 具

お菓子作りでは材料を正確にはかること、材料に見合った大きさのボウルを用意すること、
材料の状態に適した道具で混ぜることが大切。
道具の用途を理解すれば、効率よく作業できるようになります。

ⓐ 電子スケール

最大2kgまではかれて1g単位で表示されるものがおすすめです。ボウルをのせて0gにセットし、材料を規定の分量入れたら0gに戻し、続けて別の材料をはかるというように使います。

ⓑ 計量カップ／計量スプーン

最低200㎖（1カップ）はかれればOKですが、大きいサイズならカップの中で液体をかき混ぜることもできます。／計量スプーンは大さじ（15㎖）と小さじ（5㎖）の2本は必須。さらに少ない量をはかる小さじ½や小さじ¼まであると便利です。

ⓒ 泡立て器

主に液体を混ぜるのでワイヤーの本数が多すぎない6本程度のものを。持ち手が丸形で長さは21cm程度が扱いやすいです。

ⓓ ボウル（大・中・小）

ステンレス製で混ぜたいもの別に3サイズあると◎。レシピに出てくる材料Aは直径24〜26cm、材料Bは直径17cm前後、チョコレートの湯せんなどに直径12cm前後を目安に用意します。

ⓔ フードプロセッサー

ナッツやドライフルーツのような固い食材を細かくするときに使います。ハンディブレンダーを接続するタイプや単体タイプなど、使いやすいものを選んでください。

ⓕ ハンディブレンダー

豆腐クリームやチーズケーキを作る際に使います。泡立て器では混ぜにくい、水切り豆腐のような固形物とメープルシロップのような液体でもまんべんなくなめらかに撹拌できます。

ⓖ ゴムベラ（大・小）

粉類を均一に混ぜる、液体と粉を混ぜ合わせるときに使います。ミニゴムベラはとろみのある液体をぬぐうのに便利。フライパン調理には、耐熱ゴムベラか木ベラを用意します。

ⓗ めん棒

クッキーやクラッカーの生地を薄くのばす際に使います。直径3cm、長さ30cm程度でしっかり重さがあるものを選ぶと安定します。

ⓘ 抜き型・焼き型

抜き型は型抜きクッキーで使います。ミニタルトで使うタルト型は、クリームを詰めるため少し深さがある舟形と花形です。18cm角のスクエア型はフラップジャックスやブラウニーに使用します。アルタイト製です。

ⓙ オーブンシート

生地をのばす際に敷いたり、焼き型に敷き込んだりします。幅25cm・耐熱温度250℃でシリコン樹脂加工がしてあるものを使用。生地がくっつかずにスルッととれます。

常温保存について

保存方法

シリカゲルが湿気を防ぐ！ 常温保存のマストアイテム

焼くときにしっかり水分をとばすクッキーは、基本的に常温保存が可能です。焼き上がったクッキーは、まずケーキクーラーなど網の上で完全に冷まします。温かい状態で保存すると蒸れて食感がやわらかくなったり、傷みやすくなる原因になるので注意してください。次に清潔なびんや缶、保存袋など密閉できる容器に移します。その際はシリカゲル（乾燥剤）を忘れずに入れましょう（製菓材料店などで購入可）。シリカゲルが空気中の水分を吸収し、焼きたてのサクサク食感を長持ちさせます。日持ちの目安や注意点は各レシピページに詳しく記載しています。

保存のアイデア

お気に入りのびんに詰めて見た目のおいしさを楽しむ

透明のガラスびんは中身が一目瞭然。まん丸、四角、うずまきやジャムをのせたものなど、クッキーのかわいい表情を眺めながら保存できます。スクリューキャップやゴムパッキン付きの密閉性が高いものがベター。

ジッパー付き保存袋なら小分けしやすく省スペース

焼きたてを食べて少し余ったときや、気軽におすそ分けしたいときは保存袋が便利です。マチ付きタイプなら厚みのあるクッキーを入れても形が崩れにくくて◎。保存袋をいくつかまとめてお気に入りの箱にしまえばすっきり収納できます。

小分け袋＆曜日別のシールを貼って食べすぎ防止に

たくさん焼くと食べすぎちゃう……なんて心配を解消。少量ずつ透明の袋に入れて保存します。ポイントはシールに曜日を書き込むこと。マスキングテープを使ってOKです。曜日を家族の名前に変えるなどアレンジを楽しんで♪

オリジナルのクッキー缶で贈り物にも

型抜きや絞り出しなどのおめかしクッキーは、数枚ずつ缶に入れれば、自分だけの詰め合わせが作れます。ワックスペーパーを入れるとちょっと特別な雰囲気に。持ち歩いても割れる心配が少なくプレゼントにおすすめです。

PART1

常温保存
米粉のクッキー＆パイ

サクッ、カリカリッ、ほろほろ、ザクザク、パリッ！
軽快な歯ざわりのクッキーやパイが個性豊かに響き合います。
数種類まとめて作ったら保存びんに詰めて、気分に合わせて
選ぶ楽しさも味わって。

ドロップクッキー 3種

① クランベリー ＆ カシューナッツ　② 玄米フレーク ＆ パンプキンシード
③ チョコチップ ＆ アーモンドスライス

生地をヘラやスプーンで天板に落とすドロップクッキーは、型抜き不要でとっても簡単。
サクッとした食感の生地といろいろな具のおいしいかけ算を楽しみます。

14

ドロップクッキー①
クランベリー & カシューナッツ
甘酸っぱいベリーにナッツの歯ざわりが軽快

材料　直径3.5cmの円形20〜22個分

A 米粉 … 40g
　アーモンドプードル … 20g
　片栗粉 … 20g
　てんさい糖 … 10g
　ベーキングパウダー … 小さじ¼
　塩 … ひとつまみ

B 米油 … 大さじ2
　豆乳 … 大さじ1
　メープルシロップ … 大さじ1
　クランベリー … 30g
　カシューナッツ … 30g

下準備

・クランベリーはお湯で戻して粗く刻む。
・カシューナッツは粗く刻む。
・天板にオーブンシートを敷く。
・オーブンは160℃に予熱する。

作り方

1

Aをボウルに入れ、ゴムベラで均一に混ぜる。

2

別のボウルに**B**を入れて泡立て器でよく混ぜ合わせ、**1**に加えてゴムベラで混ぜる。7割ほど混ざったらクランベリー、カシューナッツも入れてひとまとめにする。

3

ゴムベラで10gずつ天板に置いていく。

➡ やわらかい生地なのでボウルの中から取り分けると作業しやすい。

4

2本の指で軽くまとめてつぶし、160℃のオーブンで15分、140℃に下げて10分焼く。

ドロップクッキー②

玄米フレーク & パンプキンシード

カリッサクッ、玄米フレークで軽い食感に

玄米フレーク
国内産有機玄米を加工
した砂糖不使用のシリ
アル。ザクザクとした食
感が楽しめる。

材料 直径3.5cmの円形34～36個分

A 玄米フレーク（無糖）… 40g

米粉 … 30g

片栗粉 … 10g

てんさい糖 … 30g

ベーキングパウダー … ひとつまみ

白ごま … 小さじ2

パンプキンシード … 15g

塩 … ひとつまみ

B 米油 … 大さじ1と½

メープルシロップ … 大さじ1と½

豆乳 … 大さじ1と½

下準備

・天板にオーブンシートを敷く。

・オーブンは150℃に予熱する。

作り方

1 **A**をボウルに入れ、ゴムベラで均一に混ぜる。

2 別のボウルに**B**を入れて泡立て器でよく混ぜ合わせ、**1**に加えてゴムベラでしっかり混ぜる。

3 スプーンで8gずつすくって天板に置く（**a**）。

➡ スプーンで形を整えればOK。焼くととまる。

4 150℃のオーブンで10～12分、140～130℃に下げて12～15分焼く。

ドロップクッキー③

チョコチップ & アーモンドスライス

生地が甘すぎないのでチョコは多めでも◎

材料 直径3.5cmの円形17～19個分

A 米粉 … 40g

アーモンドプードル … 20g

片栗粉 … 20g

てんさい糖 … 10g

ベーキングパウダー … 小さじ¼

塩 … ひとつまみ

B 米油 … 大さじ2

豆乳 … 大さじ1

メープルシロップ … 大さじ1

チョコレートチップ … 20g

アーモンドスライス … 15g

下準備

・天板にオーブンシートを敷く。

・オーブンは160℃に予熱する。

作り方

1 **A**をボウルに入れ、ゴムベラで均一に混ぜる。

2 別のボウルに**B**を入れて泡立て器でよく混ぜ合わせ、**1**に加えてゴムベラで混ぜる。7割ほど混ざったらチョコレートチップ、アーモンドスライスも入れてひとまとめにする。

3 ゴムベラで10gずつ天板に置く。

4 2本の指で軽くまとめてつぶし（**a**）、160℃のオーブンで15分、140℃に下げて10分焼く。

キャラメリゼナッツ

香ばしいナッツを米粉入りの
メープルシロップにからめてカリッとコーティング。
ほのかな塩とピリ辛スパイスをきかせた
おつまみ風の味つけです。

材料　作りやすい分量

お好みのナッツ（無塩・ロースト）
　　… 合わせて150g

＊今回はアーモンド、カシューナッツ、
炒り大豆を使用。

A 米粉 … 小さじ1
　　メープルシロップ … 大さじ5
　　チリパウダー … 小さじ¼
　　ブラックペッパー … 小さじ⅙
　　ジンジャーパウダー … 少々
　　塩 … 少々

カシューナッツ

ほかのナッツに比べると
歯ざわりがソフト。まろ
やかなコクとほのかな甘
みがある。

作り方

1 フライパンに**A**を入れて中火にかける。

2 耐熱ゴムベラで混ぜながら加熱する。
全体が大きく泡立ちトロッとするまで煮
詰める（**a**）。

→ **ゴムベラでフライパンをなぞったときに液
体がゆっくり戻ればOK。**

3 中火のままナッツ類を一気に加え、耐
熱ゴムベラで全体を混ぜ続ける（**b**）。

→ **初めは糸をひいている液体がナッツにか
らんで徐々に乾いていく。**

4 ナッツの表面がカラッと乾燥した状態
になったら火を止め、オーブンシートに
広げて冷ます。

a

b

ピーカンナッツと
コーヒーのスノーボール

さくっ、ほろほろ、さくさく、ほろほろほろ。
口の中でほどけていく食感にこだわった粉の配合です。
ピーカンナッツのコクとコーヒーのビターな香りが溶け合います。

材料　直径3cmの円形23〜25個分

A　米粉 … 50g
　　片栗粉 … 10g
　　アーモンドプードル … 60g
　　てんさい糖 … 20g
　　インスタントコーヒー（粉末）
　　　… 小さじ1
　　塩 … ひとつまみ

B　米油 … 大さじ4
　　メープルシロップ … 小さじ1
　　豆乳 … 小さじ2
　　インスタントコーヒー（粉末）
　　　… 小さじ1
　ピーカンナッツ … 30g
　てんさい糖 … 適量

下準備

・ピーカンナッツは細かく刻む。
・天板にオーブンシートを敷く。
・オーブンは160℃に予熱する。

ピーカンナッツ
ペカンナッツとも呼ばれる。くるみよりも渋みが少なく、甘みが強いので食べやすい。

インスタントコーヒー
有機の生豆をローストしたものを使用。マイルドな味わいが特徴でお菓子に加えてもしっかり香る。

作り方

1

Aをボウルに入れ、ゴムベラで均一に混ぜる。別のボウルでBを泡立て器でよく混ぜ合わせてから加え、ゴムベラで混ぜる。

2

粉と液体が7割ほど混ざったらピーカンナッツを加え、手で混ぜてひとまとめにする。

3

生地を10gずつ分割して天板に置く。片手に生地を持ち、もう片方の手でちぎりながら計量するとやりやすい。

4

生地を丸く成形して天板に並べ、160℃のオーブンで15分、150℃に下げて5分焼く。

5

焼き上がったらオーブンシートごと網の上に置き、粗熱がとれたら温かいうちにてんさい糖をまぶす。

はちみつ塩の
型抜きクッキー

米粉で作るクッキーは、型抜き後の生地をまとめ直してもグルテンが
できないので2番生地や3番生地までサックサクに焼けます。
華やかなはちみつの甘さを引き立てる岩塩をパラリ。

米粉なら、型抜きを繰り返した生地もおいしく焼ける！

一度型抜きした生地の残りをまとめ直してのばしたものを2番生地といいます。
小麦粉やバターを使うと、生地をまとめ直してのばすたびにグルテンができて
バターが溶けるため、クッキーの食感が悪くなります。一方、米粉と植物油の
場合は残った生地を繰り返し使っても食感に影響せずおいしく作れます。

材料 長さ7.5cmの雲型8枚分・長さ10cmの鳥型7枚分

A 米粉 … 80g

　アーモンドプードル … 40g

　片栗粉 … 20g

　塩 … 小さじ¼

B ココナッツオイル（米油でも可）… 大さじ3

　はちみつ … 大さじ4

　豆乳 … 小さじ1

岩塩 … 適量

下準備

・ 天板にオーブンシートを敷く。

・ オーブンは140℃に予熱する。

作り方

1

Aをボウルに入れ、ゴムベラで均一に混ぜる。別のボウルで**B**を泡立て器でよく混ぜ合わせてから加え、ゴムベラで切るように混ぜる。

2

粉と液体がなじんできたら、手で生地をつかむように混ぜてひとまとめにする。

➡ まとまりにくければ、豆乳を少量加えて調整する。

3

オーブンシートの上に生地を移してラップをかけ、めん棒で厚さ5mmを目安にのばす。

➡ めん棒を押し当てて少し生地を広げてから前後にめん棒を転がすとのばしやすい。

4

2種類の型で生地を抜く。やわらかい生地なので型はシンプルなデザインのほうが抜きやすい。

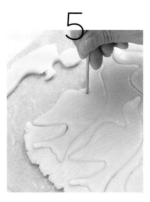

5

細部の余分な生地を竹串で取り除き、型抜きした生地を天板に並べる。

➡ 型抜き後に残った生地は、再度まとめてのばし、型抜きする。

6

生地に岩塩を少量のせ、140℃のオーブンで10～12分、130℃に下げて20分焼く。

ココナッツクッキー

どこか懐かしいココナッツのトロピカルな香りがふわっ。
薄めに焼いて軽やかな歯ざわりに。

保存
常温
2週間

材料

3.5cm×5cmの長方形25〜27枚分

A 米粉 … 60g
　　アーモンドプードル … 40g
　　てんさい糖 … 30g
　　ココナッツフラワー … 30g
　　塩 … ひとつまみ
B ココナッツオイル（米油でも可）
　　　… 大さじ3
　　メープルシロップ … 大さじ2
　　豆乳 … 大さじ2
てんさいグラニュー糖 … 適量

下準備

・天板にオーブンシートを敷く。
・オーブンは150℃に予熱する。

ココナッツフラワー
ミルクやオイルを絞ったあとのココ
ナッツ果肉を乾燥させて粉末にし
たグルテンフリー食材。インター
ネットで購入可。

作り方

1 **A**をボウルに入れ、ゴムベラ
で均一に混ぜる。別のボウ
ルで**B**を泡立て器でよく混
ぜ合わせてから加え、ゴム
ベラで切るように混ぜる。

2 粉と液体がなじんだら、手
で生地をつかむように混ぜ
てひとまとめにする。

→ まとまりにくければ豆乳かメー
プルシロップを少量加えて調整
する。

3 オーブンシートの上に生地
を移してラップをかけ、めん
棒で厚さ3mmを目安にの
ばして型で抜く（**a**）。

→ 型抜き後に残った生地は、再
度まとめてのばし、型抜きする。

4 型抜きした生地を天板に並
べ、フォークでピケし、てんさ
いグラニュー糖をふる。

→ ピケ：焼く前の生地に小さい
穴をあけること。焼いている最
中に生地がふくれるのを防ぐ。

5 150℃のオーブンで15分、
130℃に下げて10分焼く。

a
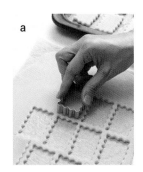

きな粉クッキー

かくし味の正体はジンジャーパウダー。
きな粉の甘みとさわやかな辛み、
ホロッと素朴な食感です。

材料

2cm×2cmの正方形25〜30個分

A 米粉 … 60g
　 きな粉 … 30g
　 アーモンドプードル … 30g
　 てんさい糖 … 40g
　 ジンジャーパウダー … 小さじ½
　 塩 … ひとつまみ
B 米油 … 大さじ3
　 豆乳 … 大さじ3

下準備

・天板にオーブンシートを敷く。
・オーブンは150℃に予熱する。

作り方

1 **A**をボウルに入れ、ゴムベラで均一に混ぜる。

2 別のボウルに**B**を入れて泡立て器でよく混ぜ合わせ、**1**に加えてゴムベラで切るように混ぜてひとまとめにする。

3 オーブンシートの上に生地を移してラップをかけ、めん棒で厚さ2cmを目安にのばす。2cm幅でカットしキューブ形に整える（**a**）。

➡ 生地の側面を指でおさえながら転がすと平らになる。

4 生地の底面を上にして天板に並べ、竹串を押し当てて斜めの線をつける（**b**）。150℃のオーブンで18〜20分焼く。

➡ 表面がきれいな生地の底面を上にして焼く。

保存
常温
2週間

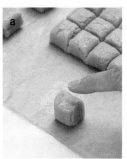

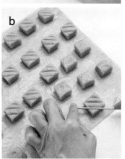

絞り出しクッキー
バニラ

シンプルなバニラ風味は、星形の口金を使ってちょっとおめかし。
米粉の生地は締まりにくいので、絞り出しに慣れていなくても大丈夫。
口どけなめらかな、しっとりした食感でリッチな気分に。

保存
常温
2週間

材料 直径4cmの円形22〜24個分／1.5cmの口金（星形）→P25参照

A 米粉 … 50g
　片栗粉 … 20g
　アーモンドプードル … 30g
　てんさい糖 … 10g
　塩 … ひとつまみ

B 米油 … 大さじ3
　メープルシロップ … 大さじ2
　豆乳 … 大さじ1
　バニラビーンズ … 2cm程度

下準備

・天板にオーブンシートを敷く。
・オーブンは160℃に予熱する。

バニラビーンズ
やさしく甘い芳香がある。
内側のバニラシードをしご
き出して、焼き菓子やプリン
などに加える。

1

A をボウルに入れ、ゴムベラで均一に混ぜる。

2

別のボウルに B のバニラビーンズの種をナイフの背などでこそぎ入れ、残りの材料も加えて泡立て器でよく混ぜ合わせる。

3

1 に 2 を入れてゴムベラでしっかりなじませる。

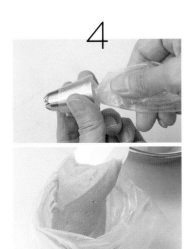

4

絞り出し袋に口金を入れて袋の口を折り返す。背の高いグラスなどにセットし、3 をゴムベラで移す。

➡ 口金の根元部分で袋をねじり、口金の内側に押し込む（先端から生地がもれるのを防ぐ・写真上）。

口金（星形）
ひとつ持っておくと便利な 8 個の切れ目が入った星形。クリームデコレーションなどにも使える。先端が 1.5cm のものを使用。

5

天板に間隔をあけて生地を絞り出す。直径 4cm を目安に円の中心から始めて「の」の字を描くイメージ。

➡ 絞り出し袋は天板に対して垂直に持ち、口金の高さを平行に動かすときれいに描ける。

6

160℃のオーブンで 15 分、140℃に下げて 10 〜 15 分焼く。

➡ こんがりと焼き色がついて、爪で生地にさわって固ければ焼き上がり。

絞り出しクッキー 紅茶

生地に茶葉を混ぜて儚いしずく形に。
紅茶はアールグレイやダージリンを選ぶと華やかに香ります。
ちょこっとのせたアーモンドダイスが食感のアクセント。

<table>
<tr><td>保存</td></tr>
<tr><td>常温</td></tr>
<tr><td>2週間</td></tr>
</table>

材料

長さ4.5cmのしずく形32〜34個分
／1.5cmの口金（星形）→P25参照

A 米粉 … 50g
　片栗粉 … 20g
　アーモンドプードル … 30g
　てんさい糖 … 10g
　紅茶の茶葉 … 小さじ1
　塩 … ひとつまみ
B 米油 … 大さじ3
　メープルシロップ … 大さじ2
　豆乳 … 大さじ1
アーモンドダイス … 適量

下準備

・天板にオーブンシートを敷く。
・オーブンは160℃に予熱する。

作り方

1 Aをボウルに入れ、ゴムベラで均一に混ぜる。別のボウルにBを入れて泡立て器でよく混ぜ合わせてから加え、ゴムベラでしっかりなじませる。

2 絞り出し袋に口金を入れて袋の口を折り返す。背の高いグラスなどにセットし、1をゴムベラで移す。

3 天板に間隔をあけて生地を絞り出す。長さ4〜5cmを目安にしずく形を描く（a）（b）。

➡ 天板に対して口金を斜め45度にし、上側で少し生地を絞ってから手前側にスッとひく。

4 生地にアーモンドダイスをのせ、160℃のオーブンで15分、140℃に下げて10〜15分焼く。

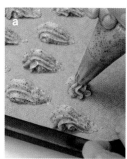

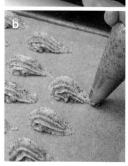

チョコサンドクッキー

ココア生地でダークチョコをはさんだカカオ感
たっぷりの組み合わせ。かわいい見た目に反した
ビターな味は、甘いものが苦手な人にも喜ばれそう。

材料　直径3cmの丸形20〜22組分

- **A** 米粉 … 90g
  - 片栗粉 … 45g
  - アーモンドプードル … 60g
  - ココアパウダー … 30g
  - てんさい糖 … 30g
  - 塩 … ひとつまみ
- **B** ココナッツオイル（米油でも可）
  - … 大さじ6
  - メープルシロップ … 大さじ3
  - 豆乳 … 大さじ2
- ダークチョコレート … 適量

下準備

- 天板にオーブンシートを敷く。
- オーブンは160℃に予熱する。

ダークチョコレート
カカオ成分75%。クッキーに甘さがあるので、苦めのチョコレートを選ぶとバランスがいい。

作り方

1 **A**をボウルに入れ、ゴムベラで均一に混ぜる。別のボウルで**B**を泡立て器でよく混ぜ合わせてから加え、ゴムベラで混ぜひとまとめにする。

2 生地を10gずつ分割し、丸めてから手のひらで軽くおさえてドーム形に整える。

3 生地を天板に並べ160℃のオーブンで10分、150℃に下げて12〜13分焼く。オーブンシートごと網にのせて冷ます。

4 クッキーの平らな面に湯せん（50〜60℃）で溶かしたチョコレートをつけ（a）、もう1枚のクッキーでサンドする（b）。

→ チョコレートは、熱々よりも少し冷まして粘度があるほうがつけやすく、厚みが出る。

	保存
チョコレートが溶けやすいあたたかい時期は、冷蔵保存がおすすめ。	常温
	2週間

キャラメルナッツクッキー

サクほろ食感のクッキーに濃厚なキャラメルクリームをまとったナッツをのせて。
ほんの少し塩をふって焼くと、塩キャラメル風味になります。

保存
常温
2週間

材料 直径6cmの円形14〜15個分

A 米粉 … 120g
アーモンドプードル … 50g
片栗粉 … 20g
てんさい糖 … 15g
塩 … ひとつまみ

B ココナッツオイル
　　 … 大さじ4
メープルシロップ … 大さじ3
豆乳 … 大さじ1

C てんさい糖 … 40g
メープルシロップ … 大さじ2
豆乳 … 大さじ3
ココナッツミルク … 大さじ2

アーモンドスライス … 40g
くるみ … 30g
ピスタチオ … 25g

下準備

・くるみは粗めに刻む。
・ピスタチオは粗めに刻む。
・天板にオーブンシートを敷く。
・オーブンは160℃に予熱する。

ピスタチオ
かすかな青い香りとコク
のある甘みをもつ。鮮や
かな緑色でトッピング使
いに◎。

1

Cを鍋に入れてときどき混ぜながら、中火にかけ、フツフツとしてきたら弱火にして8〜10分煮詰める。トロリとしたら火からおろし、冷ます。

→ キャラメルクリームは冷蔵で2〜3週間保存できる。

2

Aをボウルに入れ、ゴムベラで均一に混ぜる。別のボウルでBをよく混ぜ合わせてから加え、ゴムベラで切るように混ぜる。

3

粉と液体がなじんできたら手で生地をつかむように混ぜてひとまとめにする。

4

オーブンシートの上に生地を移してラップをかけ、めん棒で厚さ7mmを目安にのばす。セルクル型（直径6cm）で生地を抜く。

→ 型抜き後に残った生地は、再度まとめてのばし、型抜きする。

5

生地を天板に並べ160℃のオーブンで15分、150℃に下げて5分、表面に軽く焼き色がつくまで焼いて、取り出す。

6

1が冷めたらナッツ類を入れて混ぜ合わせる。5にのせ、180℃のオーブンで15〜20分焼く。

→ 全体がきつね色になれば焼き上がり。

あんことごまのクッキー

歯ざわりやわらか。お子さんでも食べやすいしっとりクッキー。
あんこと黒ごまが織りなすコクのある甘みの中で、カリッとした
くるみが顔をのぞかせます。仕上げの白ごまで香ばしさ倍増。

保存
常温
2週間
夏場は 冷蔵保存が おすすめ。

材料 直径6cmの円形12枚分

A 米粉 … 100g
　アーモンドプードル … 75g
　片栗粉 … 15g
　てんさい糖 … 30g
　塩 … ひとつまみ

B 米油 … 大さじ5
　豆乳 … 大さじ4
あんこ [→P69参照] … 200g
くるみ … 20g
黒ごまペースト … 大さじ1
白ごま … 適量

下準備

・くるみは粗めに刻む。
・天板にオーブンシートを敷く。
・オーブンは160℃に予熱する。

黒ごまペースト
黒ごまを焙煎しクリーム
状にすりつぶしたもの。
力強い香ばしさと豊かな
コクがある。

1

ボウルにあんこ、黒ごまペースト、くるみを入れてゴムベラで混ぜ合わせる。

2

Aをボウルに入れ、ゴムベラで均一に混ぜる。別のボウルで**B**を泡立て器でよく混ぜ合わせてから加え、ゴムベラで混ぜて手でひとまとめにする。

3

生地は25g、**1**のあんは20gずつ分割する。生地を手にとり、軽くまとめてから薄く円形に広げてあんをのせる。

4

生地であんを包み込んでまとめ、とじめを下にして天板に並べる。

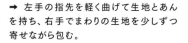

➡ 左手の指先を軽く曲げて生地とあんを持ち、右手でまわりの生地を少しずつ寄せながら包む。

5

生地を上から軽くおさえ、直径6cm程度を目安に丸く広げる。表面にあんが多少見えていてOK。

6

白ごまをふりかけて軽くおさえる。160℃のオーブンで15分、150℃に下げて10分焼く。

チョコスティッククッキー

小気味よく歯ごたえのあるサクサク生地にふんわりとオレンジが香ります。
半分だけチョコレートにくぐらせるから手が汚れず、1本で2度おいしい。

材料 長さ8cm×幅1cmのスティック16〜18本分

A 米粉 … 70g
片栗粉 … 10g
アーモンドプードル … 30g
てんさい糖 … 10g
オレンジの皮のすりおろし
… ½個分
シナモンパウダー … 少々
塩 … ひとつまみ

B 米油 … 大さじ3
メープルシロップ … 大さじ2
豆乳 … 大さじ1
ダークチョコレート … 適量
カカオニブ … 適量

下準備

・天板にオーブンシートを敷く。
・オーブンは160℃に予熱する。

	保存
チョコレートが溶けやすい あたたかい時期は、 冷蔵保存がおすすめ。	常温 **2**週間

カカオニブ

カカオ豆をローストして
砕き種皮や胚芽を取り
除いたもの。ほろ苦さと
かすかな酸味がある。

作り方

1

Aをボウルに入れ、ゴムベラで均一に混ぜる。

2

別のボウルにBを入れて泡立て器でよく混ぜ合わせ、1に加えてゴムベラでなじませる。手で生地をつかむように混ぜてひとまとめにする。

3

オーブンシートの上に生地を移してラップをかけ、めん棒で厚さ1.5cm、タテ8cm×ヨコ17cmを目安にのばす。

4

端から1cm幅にカットして天板に並べ、160℃のオーブンで20分ほど焼く。

5

クッキーが完全に冷めたら湯せんしたチョコレートをつけ、オーブンシートに並べる。

➡ **湯せん**:チョコレートを入れたボウルの底を沸騰した湯（50〜60℃）につけて湯の熱で間接的に温めること。

6

チョコレートが乾く前にカカオニブをのせる。

シナモンリーフパイ

シナモン入りの生地をのばすと……美しいマーブル模様の葉っぱに！
パリッ、サクッ、シャリッ。表面にまぶすグラニュー糖は甘みだけでなく
食感のおいしさにもつながります。

保存
常温
2週間

材料　長さ7cmのリーフ形16枚分

A 米粉 … 80g
　　アーモンドプードル … 60g
　　片栗粉 … 40g
　　てんさい糖 … 12g
　　ベーキングパウダー … 小さじ½
　　塩 … ひとつまみ

ココナッツオイル … 大さじ4
水 … 大さじ4
てんさいグラニュー糖 … 適量
シナモンパウダー … 適量
アーモンドスライス … 適量

下準備

・天板にオーブンシートを敷く。
・オーブンは170℃に予熱する。

1

Aをボウルに入れ、ゴムベラで均一に混ぜる。ココナッツオイルを加えゴムベラで切るように混ぜる。

2

水を加える。生地をつかむように手で混ぜてひとまとめにする。

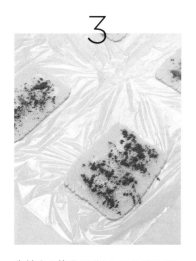

3

生地を4等分に分け、それぞれタテ10cm×ヨコ15cmを目安にめん棒でのばし、グラニュー糖（小さじ2×4枚分）、シナモンをふる。

➡ シナモンはたっぷりふるとマーブル模様がしっかり出て、風味も引き立つ。

4

ラップを持ち上げて生地を巻き上げ、冷蔵室で30分ほど冷やす。

- - - - - - - - - - - - - - - - - -

➡ 最初の2巻きはきつめに巻いて芯にすると巻きやすい。多少生地が割れても大丈夫。

4の状態で1か月冷凍保存可能。1本ずつラップに包み冷凍用保存袋に入れて冷凍室へ。使うときは半解凍後にカットし成形後、同様に焼く。

5

1本の生地を4等分に切り、断面を上にしてオーブンシートにのせる。ラップをかけて手で軽くつぶしてからリーフ形に整え、めん棒で厚さ2mmにのばす。

- - - - - - - - - - - - - - - - - -

➡ 生地が薄いほど軽い食感に。葉っぱ形の外周はラップをはずして指で整える。

6

生地を天板に並べハケで表面に水（分量外）を塗る。アーモンドスライスをのせ、グラニュー糖をふる。170℃のオーブンで15分焼く。

サムプリントクッキー

ユニークなネーミングは親指（thumb）の跡をつける（print）のが由来。
指でへこませたくぼみにジャムを詰めるアメリカで人気のクッキーです。
米粉で作ると生地のまわりに自然なひびが入って、まるで花のよう！

材料　直径3cmの円形26〜28個分

A 米粉 … 100g
　　アーモンドプードル … 45g
　　塩 … ひとつまみ
B 米油 … 大さじ4と½
　　メープルシロップ … 大さじ3
　　豆乳 … 小さじ1と½
いちごジャム、レモンジャム … 各適量

下準備

・天板にオーブンシートを敷く。
・オーブンは160℃に予熱する。

ジャム
赤いいちごと黄色いレモン、焼き上がりの色を考えて2種類使用。家にあるジャムをお好みで。

作り方

1

Aをボウルに入れ、ゴムベラで均一に混ぜる。別のボウルに**B**を入れて泡立て器でよく混ぜ合わせる。

2

Aのボウルに**B**を加え、ゴムベラで切るように混ぜる。全体がなじんできたら手で混ぜてひとまとめにする。

3

生地を10gずつ分割して天板に置いてから手で丸める。

➡ 少しもろい生地なので指先でまとめるように形を整える。

4

生地の中心を親指でおさえてくぼみを作る。

5

バターナイフなどでくぼみにジャムを入れ、160℃のオーブンで13〜15分焼く。

アメリカンクッキー2種

ヘビーなイメージがあるアメリカンクッキーも、米粉＆ノンバターで
作るとサクッ、カリッ、ザクザクのクリスピーな食感になります。
チョコレート、ナッツ、ドライフルーツをたっぷり入れてアレンジ自在。

アメリカンクッキー①

チョコチャンククッキー

ほんのり苦いカカオニブをプラスした大人の甘さ

材料　直径8cmの円形10枚分

A 米粉 … 100g
　オートミール … 50g
　てんさい糖 … 30g
　カカオニブ [→P33参照] … 20g
　ベーキングパウダー … 小さじ½
　塩 … ひとつまみ
B ココナッツオイル（米油でも可）
　　… 大さじ4
　メープルシロップ … 大さじ2
　豆乳 … 大さじ2
チョコレート … 50g

下準備

・チョコレートは粗く刻む。
・天板にオーブンシートを敷く。
・オーブンは160℃に予熱する。

作り方

1　Aをボウルに入れ、ゴムベラで均一に混ぜる。別のボウルでBを泡立て器でよく混ぜ合わせてから加え、ゴムベラで切るように混ぜる。

2　全体がなじんできたらチョコレートを加え、ゴムベラで混ぜてひとまとめにする。

⇒ まとまりにくければ豆乳かメープルシロップを少量加えて調整する。

3　生地を35gずつ分割し、間隔をあけながら天板に並べる。ゴムベラの先端を使って生地を直径8cm程度の円形に広げながら整える。

4　160℃のオーブンで10分、140℃に下げて20分焼く。

アメリカンクッキー②

ヘーゼルナッツとレーズンのクッキー

カリッとしたナッツとソフトなレーズンが好相性

材料　直径8cmの円形12枚分

A 米粉 … 100g
　ヘーゼルナッツプードル … 45g
　てんさい糖 … 30g
　おからパウダー … 20g
　ベーキングパウダー … 小さじ½
　重曹 … 小さじ¼
　塩 … ひとつまみ
B ココナッツオイル（米油でも可）
　　… 大さじ5
　メープルシロップ … 大さじ3
　豆乳 … 大さじ3
ヘーゼルナッツ … 40g
レーズン … 40g

下準備

・ヘーゼルナッツは粗く刻む。
・レーズンは15分ほどお湯で戻して粗く刻む。
・天板にオーブンシートを敷く。
・オーブンは160℃に予熱する。

作り方

1　Aをボウルに入れ、ゴムベラで均一に混ぜる。別のボウルでBを泡立て器でよく混ぜ合わせてから加え、ゴムベラで切るように混ぜる。

2　全体がなじんできたらヘーゼルナッツ、レーズンを加え、ゴムベラで混ぜてひとまとめにする。

⇒ まとまりにくければ豆乳かメープルシロップを少量加えて調整する。

3　生地を35gずつ分割し、間隔をあけながら天板に並べる。ゴムベラの先端を使って生地を直径8cm程度の円形に広げながら整える（a）。

4　160℃のオーブンで10分、140℃に下げて20分焼く。

a

コーングリッツクッキー

とうもろこしの素朴な香りにコーングリッツの
プチプチがアクセント。カリッとハードな食感で
かみしめるたびにやさしい甘さが広がります。

<table>
<tr><td>保存</td></tr>
<tr><td>常温</td></tr>
<tr><td>2週間</td></tr>
</table>

材料 4cm×5cmの長方形12枚分

A 米粉 … 60g

コーングリッツ … 50g

アーモンドプードル … 30g

片栗粉 … 8g

てんさい糖 … 10g

塩 … ひとつまみ

B ココナッツオイル（米油でも可）

… 大さじ3

メープルシロップ … 大さじ2

豆乳 … 大さじ1

アーモンドスライス … 30g

下準備

・天板にオーブンシートを敷く。
・オーブンは160℃に予熱する。

コーングリッツ
とうもろこしの胚乳のみ
を挽き割りにしたもの。
イングリッシュマフィンな
どに使われる。

作り方

1 **A**をボウルに入れ、ゴムベラ
で均一に混ぜる。別のボウ
ルで**B**を泡立て器でよく混
ぜ合わせてから加え、ゴム
ベラで切るように混ぜる。

2 粉と液体がなじんできたら
アーモンドスライスを軽く砕
きながら加え、手で生地を
つかむように混ぜてひとまと
めにする。

➡ まとまりにくければ豆乳かメー
プルシロップを少量加えて調整
する。

3 オーブンシートの上に生地を
移してラップをかけ、めん棒
で厚さ1cm、タテ15cm×
ヨコ16cmを目安にのばす。
側面は包丁などでまっすぐ整
える。

4 オーブンシートごとバットに
のせてラップをかけ、冷蔵
室で30分ほど冷やす。

➡ 冷やすと生地が固く締まりカッ
トしやすくなる。

5 生地を取り出して12等分に
カットし、天板に並べてコー
ングリッツ（分量外）をふる
（a）。

6 160℃のオーブンで15分、
150℃に下げて10分焼く。

a

PART 2
常温保存
米粉の朝食おやつ

香ばしいグラノラ、塩味クラッカー、ビスコッティ……
満足感はあるのにお腹が重くならない米粉のおやつ。
つくりおきは時間がない日の朝ごはんにもなります。
パッと食べて一日を元気にスタート。

桜えび＆カレーの
酒粕クラッカー

酒粕を使った生地は焼き上げるとチーズのような香りが漂います。
ほのかな塩けとやさしい甘みが軽食やおつまみにぴったり。
香ばしいえび＆ごま、エキゾチックなカレー＆松の実、どちらも手が止まりません。

材料 えび1辺3cmの三角形56枚分・
カレー3.5cm角の四角形64枚分

A 米粉 … 100g
アーモンドプードル … 45g
片栗粉 … 15g
てんさい糖 … 30g
塩 … 小さじ½
オリーブオイル … 大さじ3
酒粕 … 50g

桜えび … 5g
白ごま … 小さじ2
カレー粉 … 小さじ1
松の実 … 10g
塩 … 適量

下準備

・松の実は粗く刻む。
・天板にオーブンシートを敷く。
・オーブンは150℃に予熱する。
・桜えびはみじん切りにする。

松の実
松ぼっくりの中にある種の一部を取り出したもの。個性的な香りで歯ざわりはソフト。

作り方

1

Aをボウルに入れ、酒粕やオイルを全体に散らすように手ですり合わせる。

➡ 酒粕のかたまりを両手で崩しながら、まんべんなく粉となじませる。

2

1を半量ずつボウルに入れ、片方に桜えびと白ごま、もう片方にカレー粉を加える。

3

それぞれのボウルに水を小さじ2〜3ずつ（分量外）加え、ゴムベラでなじませてから手で混ぜ、ひとまとめにする。

➡ 生地をギュッと握ってからボウルに押しつけて混ぜるとまとまる。

4

オーブンシートの上に生地を移してラップをかけ、めん棒で厚さ1〜2mmを目安にのばす。薄ければ薄いほどパリッと焼ける。

➡ めん棒を押し当てて少し生地を広げてから前後にめん棒を転がすとのばしやすい。

5

フォークで生地にピケをし、3〜4cm角程度になるよう包丁を入れる。えび味はさらに斜めに切って三角形にする。

➡ 生地は完全に切れていなくてもOK。焼き上がり後、筋目に沿って手で割れる。

6

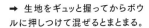

オーブンシートごと天板に移して軽く塩をふり、カレー味には松の実をのせる。150℃のオーブンで10分、120℃に下げて10分焼く。

ピスタチオとレモンの
ビスコッティ

2度（ビス）焼いた（コッティ）という意味をもつイタリアの焼き菓子。
カマボコ形の生地を焼いて一旦取り出し、スライスして再度焼く独特の作り方です。
ザクザクしたハードな歯ごたえを楽しみつつ、コーヒーに浸してもおいしい。

材料　長さ2.5cm×幅7cmの半円形10枚分

A 米粉 … 80g
　アーモンドプードル … 30g
　片栗粉 … 20g
　てんさい糖 … 20g
　ベーキングパウダー … 小さじ½
　レモンの皮のすりおろし … 1個分
　塩 … ひとつまみ

B ココナッツオイル
　（米油でも可）
　　… 大さじ2
　豆乳 … 大さじ3
ピスタチオ … 30g

下準備

・ ピスタチオは粗く刻む。
・ 天板にオーブンシートを敷く。
・ オーブンは160℃に予熱する。

ピスタチオ

かすかな青い香りとコク
のある甘みをもつナッツ。
トッピングに使うと鮮や
かな緑色を生かせる。

作り方

1

Aをボウルに入れ、ゴムベラ
で均一に混ぜる。別のボウ
ルで**B**を泡立て器でよく混
ぜ、大さじ1程度を残して加
える。ゴムベラで切るように
混ぜる。

2

7割ほど混ざったらピスタチ
オを加え、手で混ぜてひとま
とめにする。まとまらなけれ
ば**1**で残した**B**、もしくは豆乳
を加えて調整する。

3

オーブンシートの上に生地を
移し、タテ7cm×ヨコ15cm
を目安に手でなだらかなカ
マボコ形に整える。そのまま
160℃のオーブンで20分焼
く。

4

3を一旦取り出し5～10分
ほどおく。手でさわれる程度
の温かさになったら1.5cm
幅に切る。

➡ 崩れやすいので断面をおさえ
ながらザクッと一気に包丁を入れ
るようにする。

5

生地を倒して天板に並べ、
150℃のオーブンで30分焼
く。取り出して生地を裏返し、
温度を140℃に下げたオー
ブンで15分焼く。

➡ 焼きたては割れやすいので
オーブンシートごと網の上でしば
らく冷ます。

オリーブと
カシューナッツの
ビスコッティ

濃厚なオリーブの香りと
ほどよい塩けで
思わずワインが飲みたくなる。
ザクッザクッ、カリッ。
つまみ食いが止まらない食感。

<table>
<tr><td>保存</td></tr>
<tr><td>常温</td></tr>
<tr><td>2週間</td></tr>
</table>

材料

長さ2.5cm×幅7cmの半円形10枚分

A 米粉 … 80g
　　アーモンドプードル … 30g
　　片栗粉 … 20g
　　てんさい糖 … 20g
　　ベーキングパウダー … 小さじ½
　　塩 … ひとつまみ
B ココナッツオイル（米油でも可）
　　　… 大さじ2
　　豆乳 … 大さじ3
　オリーブ（種なし）… 35g
　カシューナッツ … 20g

下準備

・オリーブは粗く刻む。
・カシューナッツは粗く刻む。
・天板にオーブンシートを敷く。
・オーブンは160℃に予熱する。

オリーブ
カラマタ種とグリーンオリーブのミックス。焼き菓子をリッチにするフルーティでコクのある味わい。

作り方

1 Aをボウルに入れ、ゴムベラで均一に混ぜる。別のボウルで**B**を泡立て器でよく混ぜ、大さじ1程度を残して加える。ゴムベラで切るように混ぜる。

2 ある程度混ざったらオリーブ、カシューナッツを加え、手で混ぜてひとまとめにする。まとまらなければ**1**で残した**B**、もしくは豆乳を加えて調整する。

3 オーブンシートの上に生地を移し、タテ7cm×ヨコ15cmを目安に手でなだらかなカマボコ形に整える。そのまま160℃のオーブンで20分焼く。

4 **3**を一旦取り出し5分ほどおく。手でさわれる程度の温かさになったら1.5cm幅に切る。

　→ 崩れやすいので断面をおさえながらザクッと一気に包丁を入れるようにする。

5 生地を倒して天板に並べ150℃のオーブンで30分焼く。取り出して生地を裏返し、温度を140℃に下げたオーブンで15分焼く。

　→ 焼きたては割れやすいのでオーブンシートごと網の上で冷ます。

ナッツとドライフルーツの
グラノラ

カリッカリのオートミール＆ナッツにしっとりドライフルーツ。
好きな具材で作れて甘さも加減できる自家製がうれしい！

材料 作りやすい分量

オートミール … 1カップ

お好みのナッツ（無塩）
　　… 60〜80g

＊今回はヘーゼルナッツ、アーモンド
スライス、ピスタチオを使用。

お好みのドライフルーツ
　　… 適量

＊今回はレーズン、パイナップルを使用。

米粉 … 大さじ1

A はちみつ … 大さじ2

　黒砂糖 … 大さじ2

　ココナッツオイル（米油でも可）
　　… 大さじ1

　塩 … ひとつまみ

下準備

・天板にオーブンシートを敷く。
・オーブンは140℃に予熱する。

作り方

1 ボウルに **A** を入れゴムベラで混ぜ合わせる。

2 フライパンにオートミールを入れて弱火にかけ、耐熱ゴムベラで混ぜながら炒る。

　→ オートミールはザルでふるってから炒ると、細かな破片がとれて焦げるのを防げる。

3 炒っている音が軽くなってきたら、米粉、ナッツを加えて弱めの中火にし、混ぜながら炒る。

4 1を加え、ツヤが出てくるまで混ぜながら2〜3分炒る（**a**）（**b**）。

5 4を天板に広げ140〜150℃のオーブンで25〜30分ほど全体が乾くまで焼く。

　→ 途中で全体を軽く混ぜて火通りのムラをなくす。

6 オーブンシートごと網の上に取り出し、冷めたらドライフルーツを混ぜる。

保存	
常温	
2 週間	

デーツとアプリコットのエナジーボウル

忙しいときはパクッとほおばって手軽にエネルギーチャージ。
細かく砕いたドライフルーツの粘度で具材をまとめます。
自然な甘みに香ばしいナッツが加わって満足感たっぷり。

保存
常温
2週間

材料 直径3cmの丸形14個分

A オートミール … 60g
  米粉 … 15g
デーツ … 90g
ドライアプリコット … 60g
くるみ … 45g
アーモンド（ホール）… 45g
ココナッツオイル
  … 大さじ1

下準備

・天板にオーブンシートを敷く。
・オーブンは130℃に予熱する。
・ドライアプリコットが固いときは
  お湯で戻す。

デーツ
樹上で完熟させて収穫するナツメヤシの実。しっとりソフトな食感で干し柿のような強い甘みがある。

ドライアプリコット
あんずの種を抜いて乾燥させたもの。砂糖を使わず漂白処理していないタイプがおすすめ。

ボウルで**A**を合わせて天板に移し130℃のオーブンで15分焼く。ナッツをフードプロセッサーで砕き、デーツ、アプリコットを加えて撹拌する。

ナッツとドライフルーツがまとまってきたら、**A**、ココナッツオイルを加えてさらに撹拌する。

生地を握ったときにひとかたまりになるまで撹拌を繰り返す。

生地を20gずつ分割し、ギュッと力を込めてまとめながら丸める。

➡ 撹拌が足りないと生地がパラパラ崩れて成形しにくい。十分に撹拌してもまとまらない場合は、ココナッツオイルを少し足す。

いちじくロールバー

サクッ、プチプチ。口の中に広がる食感のコントラスト。
フィリングのいちじくをたっぷりのせて、くるり！
ずっしりした重さがフルーティなおいしさにつながります。

保存
常温
2 週間

材料 3cm×4.5cm×厚さ2cmのカマボコ形16個分

A 米粉 … 90g
　片栗粉 … 15g
　アーモンドプードル … 45g
　てんさい糖 … 15g
　塩 … ひとつまみ

B ココナッツオイル（米油でも可）
　　… 大さじ3
　メープルシロップ … 大さじ1と½
　豆乳 … 大さじ1と½

C ドライいちじく … 150g
　水 … 150㎖
　メープルシロップ … 大さじ1

下準備

・天板にオーブンシートを敷く。
・オーブンは170℃に予熱する。

ドライいちじく
やさしい甘さ、種子の
食感が特徴的。今回は
しっとりやわらかなセミド
ライタイプを使用。

1

Cを鍋に入れて中火にかけ、沸いてきたら弱火にして耐熱ゴムベラでつぶしながら混ぜる。ペースト状になったら火を止めて冷ます。

2

Aをボウルに入れ、ゴムベラで均一に混ぜる。別のボウルで**B**を泡立て器でよく混ぜてから加え、ゴムベラで切るように混ぜて手でひとまとめにする。

➡ 生地をつかむように混ぜながら細かい生地を集めてまとめる。

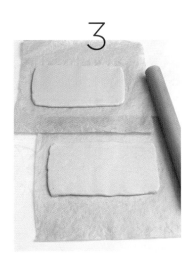

3

生地を2つに分けてオーブンシートに移す。ラップをかけ、めん棒でタテ12cm×ヨコ20cmを目安にのばす。

➡ 初めに手で四角く形を整えてからめん棒をかけるとのばしやすい。

4

ゴムベラを使って生地の真ん中に**1**を半量ずつのせる。

5

手前の生地を少し折り込んでからオーブンシートごと持ち上げて巻き、とじめを下にする。もう1本も同様に巻く。

6

それぞれ8等分にカットして天板にのせ、170℃のオーブンで15分、160℃に下げて10分焼く。

スクエアジャムクッキー

クランブルと4種類のジャムをのせたタルトのような贅沢クッキー。
焼きたてはサクッ、時間をおくとトッピングがなじんでしっとり。
家に余っているジャムを好きに組み合わせて作れるのも魅力です。

材料 18cm角のスクエア型1台分

A 米粉 … 80g
アーモンドプードル … 50g
片栗粉 … 25g
てんさい糖 … 15g
塩 … ひとつまみ

B 米油 … 大さじ4
メープルシロップ … 大さじ2
豆乳 … 大さじ1

C 米粉 … 20g
アーモンドプードル … 20g
てんさい糖 … 20g
米油 … 大さじ2前後

お好みのジャム … 合わせて150g

＊今回はレモン、ラズベリー、ブルーベリー、
アプリコットを使用。

下準備

・オーブンシート（25cm×25
cm）の四隅に切り込みを入れ
る。→P81参照
・オーブンは170℃に予熱する。

保存	
常温	冷蔵
2〜3日	1週間

ジャムに水分があるので、
あたたかい時期は冷蔵保存が
おすすめ。冷やしてもおい
しく召し上がれます。

作り方

1

Aをボウルに入れ、ゴムベラ
で均一に混ぜる。別のボウ
ルでBを泡立て器でよく混
ぜ、大さじ1程度を残して加
える。ゴムベラで切るように
混ぜる。

➡ 生地がまとまらなければ残し
たBを加えて調整する。

2

あらかじめ準備していたオー
ブンシートにひとまとめにし
た生地をのせてラップをか
け、めん棒でタテ18cm×ヨ
コ18cmを目安にのばす。

3

オーブンシートごと型に入れ、
フォークでピケをする。170℃
のオーブンで15〜20分ほど
表面に焼き色がつく程度に焼
く。

➡ 生地を敷き込む際は、指で生
地の外周を押し込みながら型に
沿わせるとよい。

4

Cをボウルに入れ、指をすり
合わせて粉類と米油をなじ
ませる。粒々としたそぼろ状
にする。

➡ こねずに指先で混ぜる。粒の
大小はお好みのサイズでOK。

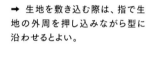

5

3の生地全体にジャムをのせ
る。ジャムは混ぜずにランダ
ムに置くようにする。

6

4を全体にのせて170℃の
オーブンで15〜20分焼く。
クランブルに焦げ目がつけば
焼き上がり。

➡ オーブンシートごと網の上で
粗熱をとり、ほんのり温かいうち
にカットする。

フラップジャックス

イギリスでは手軽なおやつとして親しまれているフラップジャックス。
香ばしさいっぱいのザクザク感に続く滋味深い味わいがクセになりそう。

保存
常温
2週間

材料

18cm角のスクエア型1台分

A オートミール … 150g
　 ココナッツファイン … 60g
　 アーモンドスライス … 30g
　 サンフラワーシード … 20g
　 ココナッツシュガー … 15g
　 米粉 … 10g
B はちみつ … 大さじ1
　 メープルシロップ … 大さじ1
　 ココナッツオイル（米油でも可）
　　 … 大さじ2
　 塩 … ひとつまみ

下準備

・オーブンシート（25cm×25cm）
　の四隅に切り込みを入れて型に
　敷く。 →P81参照
・オーブンは170℃に予熱する。

作り方

1 **A**をボウルに入れ、ゴムベラで均一
　に混ぜる。別のボウルで**B**を泡立て
　器でよく混ぜ合わせてから加え、ゴム
　ベラで混ぜる。

2 型に**1**を入れ、ゴムベラで表面をおさ
　えつけて平らにする。

3 170℃のオーブンで25〜30分焼く
　（焼いている途中で焦げるようなら
　少し温度を下げる）。

4 生地の表面をさわって固ければ焼き
　上がり。

5 オーブンシートごと網の上に取り出
　し、手でさわれる程度まで冷めたら
　6cm角にカットする。

➡ 完全に冷めてから切ると割れてしまうの
　で注意。

ココナッツファイン

乾燥ココナッツを粗く
刻んだもの。甘い香り、
シャキシャキした歯ごた
えでケーキのトッピング
などにも使う。

サンフラワーシード

外皮を取り除いたヒマワ
リの種。ほのかな甘み
があり、グラノラやサラ
ダに使われる。

クランベリー＆
ナッツのおからクッキー

おからを加えてカリッ、パキッとした食感に！
甘さ控えめでちょっと小腹がすいたときにつまみやすい形です。

材料
2.5cm×8cm×厚さ8mmの
長方形20枚分

A 米粉 … 100g
アーモンドプードル … 40g
おからパウダー … 30g
てんさい糖 … 20g
塩 … ひとつまみ

B ココナッツオイル（米油でも可）
… 大さじ5
メープルシロップ … 大さじ4
豆乳 … 大さじ2

C クランベリー … 20g
パンプキンシード … 10g
ヘンプシード … 大さじ2

下準備

・クランベリーはお湯で戻してから
粗く刻む。
・パンプキンシードは粗く刻む。
・天板にオーブンシートを敷く。
・オーブンは150℃に予熱する。

作り方

1 **A**をボウルに入れ、ゴムベラで均一に混ぜる。別のボウルで**B**を泡立て器でよく混ぜ合わせ、**C**とともに加える。ゴムベラで混ぜてひとまとめにする。

2 ラップの上に生地を移して上からラップをかけ、タテ8cm×ヨコ20cm×厚さ2.5cmを目安に手で長方形に整える。

3 生地をラップで包んでから冷凍室に入れ、1時間ほど冷やし固める。

→ **3**の状態で冷凍用保存袋に入れ1か月冷凍保存可能。使うときは半解凍し、**4**と同様にする。

4 生地を8mmの厚さに切る（**a**）。断面を上にして天板に並べ、150℃で15分、140℃に下げて10分焼く。

おからパウダー

おからを乾燥させて粉末状にした低糖質食材。手軽にたっぷりの食物繊維が摂れる。

ヘンプシード

麻の実。ナッツのような食べやすい味で、サラダのトッピング、七味唐辛子の材料にも。

保存	
常温	
2 週間	

a

和風クッキー2種

初めて食べるのになんだか懐かしくなる。
食欲をそそる焼きおにぎりのような香ばしい香り、
みそとしょうゆを加えた甘じょっぱい味があとをひきます。

①

②

和風クッキー①

みそとアーモンドのクッキー

みそのほどよい塩けで、おつまみにも◎

みそ
麦みそ、米みそ、豆みそから数種類混ぜて使う（合わせみそにする）と味にコクが出る。

材料 2.5cm×3cmの四角形
50～55個分

A 米粉 … 100g
　アーモンドプードル … 40g
　おからパウダー … 30g
　てんさい糖 … 20g
　塩 … ひとつまみ
B 米油 … 大さじ5
　メープルシロップ … 大さじ4
　豆乳 … 大さじ2
　合わせみそ … 大さじ2
　＊お好みのみそでOK。
アーモンド（ホール）… 50g

下準備

・アーモンドは粗く刻む。
・天板にオーブンシートを敷く。
・オーブンは150℃に予熱する。

作り方

1 Aをボウルに入れ、ゴムベラで均一に混ぜる。別のボウルでBを泡立て器でよく混ぜ合わせ、アーモンドとともに加える。ゴムベラで混ぜて手でひとまとめにする。

2 生地を半量ずつ分け、それぞれラップの上に置く。3cm×3cm×23cmを目安に四角柱に整えてラップで包み、包丁の背などで生地の側面を整える。同様にもう1本作る。

3 冷凍室で30分ほど冷やす。少し固くなったら取り出し、生地を転がしながら、包丁などで側面を平らに整え、さらに30分ほど冷やす。

➡ 冷凍用保存袋に入れ1か月冷凍保存可能。使うときは半解凍し、4と同様にする。

4 生地を1cmの厚さに切って天板に並べ、150℃で15分、140℃に下げて10分焼く。

和風クッキー②

しょうゆとくるみのクッキー

プチプチ食感のけしの実で香ばしさをプラス

材料 直径2.5cmの円形
50～55個分

A 米粉 … 100g
　アーモンドプードル … 40g
　おからパウダー … 30g
　てんさい糖 … 20g
　塩 … ひとつまみ
B 米油 … 大さじ5
　メープルシロップ … 大さじ4
　豆乳 … 大さじ2
　しょうゆ … 大さじ1
くるみ … 40g
けしの実（白）… 大さじ2

下準備

・くるみは粗く刻む。
・天板にオーブンシートを敷く。
・オーブンは160℃に予熱する。

作り方

1 Aをボウルに入れ、ゴムベラで均一に混ぜる。別のボウルでBを泡立て器でよく混ぜ合わせ、くるみ、けしの実とともに加える。ゴムベラで混ぜて手でひとまとめにする。

2 生地を半量ずつ分ける。それぞれラップの上で転がし、直径2.5cm、長さ23cmの棒状にして、そのまま包む。同様にもう1本作る。

3 冷凍室で冷やす。少し固くなったら取り出し、生地を転がして円形に整え、さらに30分ほど冷やす。

➡ 冷凍用保存袋に入れ1か月冷凍保存可能。使うときは半解凍し、4と同様にする。

4 生地を1cm弱の厚さに切って（**a**）天板に並べ、160℃で10分、140℃に下げて15分焼く。

しょうゆ
国産大豆を2年間熟成させた濃口しょうゆを使用。にがり入りで塩けがまろやか。

けしの実
ケシ科の植物の種子。ごまよりも小粒で上品な香り。和菓子やパンの表面などにまぶして使う。

冷蔵・冷凍保存について

保存方法

ラップで個包装＆冷凍用保存袋で二重に！

ふんわり、しっとりした食感のお菓子は、冷蔵であれば2〜3日で食べき
り、それ以上保存する予定なら、早めに冷凍保存してしまうのがおすす
めです。これは、炊きたてのごはんをすぐ冷凍保存したほうがおいしさを
キープできるのと同じ理由。米粉のお菓子は乾燥しやすいため、1切れ
ずつ食べやすい大きさにカットしてラップに包み、さらに専用の保存袋に
入れて冷蔵室か冷凍室へ。ラップと保存袋で二重に包むことで、冷蔵庫
内のにおいや乾燥からお菓子を守ります。日持ちの目安や、保存後の温
め直し方や解凍方法は各レシピページに詳しく記載しています。

保存のアイデア

ホーロー容器で焼けば、
そのまま冷蔵できて手間いらず

焼き型として使ったホーロー容器は保存がスムーズ。
焼き上がったケーキが冷めたら食べやすいサイズに
カットし、容器のふたをピッチリ閉めてから冷蔵すれ
ば2〜3日保存できます。薄型で場所もとりません。
（P80〜82のケーキで使用・富士ホーロー浅型角容器 L LW/
ShallowTypeLarge）
＊インターネットで購入可

クリームは冷蔵、生地は冷凍保存！
食べる日にフルーツをトッピング！

ミニタルトやクレープは、生地とクリームを分けて保
存します。クリームは清潔なびんに入れて冷蔵室、
お菓子はひとつずつラップして冷凍用保存袋へ。食
べる日に新鮮なフルーツとクリームを添えれば、上に
のせたものの水分で生地がふやけず、いつでも作り
たてのおいしさです。

ケーキドームでおもてなし

PART3は冷蔵、もしくは冷凍保存が基本ですが、にんじ
んクランブルケーキのように翌日まで常温保存できるもの
もあります。そういったお菓子は切り分けてケーキドーム
などに入れて、おもてなしの雰囲気を楽しんでも。

PART 3

冷蔵 & 冷凍保存
米粉の
ケーキ & タルト etc.

ボリュームのあるパウンドケーキや手の込んだタルトなど、
長く楽しみたいおやつは冷蔵室や冷凍室でおいしさをキープ。
サッと温め直せば、いつでも作りたての味がよみがえります。

レモンとくるみのスコーン

さくっ、ふわっ、ほろ。生地のきめ細かさは米粉ならでは！
さわやかなレモン風味にカリッと食感のくるみを加えて食べごたえも十分。
つくりおきを温め直せば、焼きたてのおいしさが味わえます。

| 材料 | 直径6cm×厚さ3cmの丸形6個分 |

A 米粉 … 150g

　アーモンドプードル … 30g

　片栗粉 … 30g

　てんさい糖 … 20g

　ベーキングパウダー … 小さじ1

　レモンの皮のすりおろし … 1個分

　塩 … ひとつまみ

米油 … 大さじ4

くるみ（ロースト）… 20g

＊生のくるみは130℃のオーブンで
10分焼いてから使う。

豆乳ヨーグルト … 大さじ6

くるみ

"生"と表示されたものは
焼いてから使う。好みの
サイズにカットできるホー
ルタイプ。

冷蔵 ラップに包み、電子
レンジで20〜30秒ほど温
める。冷凍 ラップに包み、
電子レンジに20〜30秒
ほどかけて（もしくは冷蔵
室に移して）解凍後、アルミ
ホイルに包みオーブントー
スターで4〜6分温める。

下準備

・ くるみは軽く砕く。

・ 天板にオーブンシートを敷く。

・ オーブンは170℃に予熱する。

作り方

1

Aをボウルに入れ、ゴムベラで均一に混
ぜる。米油を加えてゴムベラで切るよう
に混ぜる。

2

米油がまんべんなくなじんだら、くるみ、
豆乳ヨーグルトを大さじ1程度残して加
え、ゴムベラで全体を混ぜてから手で混
ぜてひとまとめにする。

➡ 生地をつかむようにしてまとめる。仕上がり
が固くなるのでこねるのはNG。

3

生地がパラパラとまとまりにくければ**2**で
残したヨーグルトを足し、ダレない固さに
調整してまとめる。

➡ ヨーグルトの量は作る日の気温や湿度に
よって、ちがいがある。全量を入れなくても、下
段写真の状態になれば足さなくていい。

4

生地を6等分して、表面だけ軽くまとめ
天板に並べる。170℃のオーブンで20
分焼く。

ローズマリーとタイムのスコーン

フレッシュハーブ入りのスコーンは少し塩をきかせた軽食用。
ほおばると、まるで森にいるような緑の香りが広がります。

保存	
冷蔵	冷凍
1〜2日	2〜3週間

食べ方

[冷蔵] ラップに包み、電子レンジで20〜30秒ほど温める。[冷凍] ラップに包み、電子レンジに20〜30秒ほどかけて（もしくは冷蔵室に移して）解凍後、アルミホイルに包みオーブントースターで4〜6分温める。

材料

5cm×6cm×厚さ2.5cmの長方形6個分

A 米粉 … 150g
　アーモンドプードル … 30g
　片栗粉 … 30g
　てんさい糖 … 20g
　ベーキングパウダー … 小さじ1
　塩 … 小さじ½
　ローズマリー（生）… 大さじ1
　タイム（生）… 小さじ1
オリーブオイル … 大さじ4
豆乳ヨーグルト … 大さじ6
ローズマリー（トッピング・生）… 適量
タイム（トッピング・生）… 適量

下準備

・Aのローズマリーは葉をとり粗く刻む。
・Aのタイムは葉だけ摘みとる。
・オーブンは170℃に予熱する。

ローズマリー

すっきりとした香りをもつシソ科のハーブ。フォカッチャや肉料理によく使われる。

作り方

1 Aをボウルに入れ、ゴムベラで均一に混ぜる。オリーブオイルを加えてゴムベラで切るように混ぜる。

2 オリーブオイルがまんべんなくなじんだら、豆乳ヨーグルトを大さじ1程度残して加え、ゴムベラで全体を混ぜてから手で混ぜてひとまとめにする。

→ P61 工程2のポイント参照

3 生地がパラパラとまとまりにくければ2で残したヨーグルトを足し、ダレない固さに調整してまとめる。

→ P61 工程3のポイント参照

4 オーブンシートの上に生地を移し、厚さ2.5cmを目安に手で長方形に整えて包丁で6等分する（a）。

5 シートごと天板に移しローズマリー、タイムをちぎってのせる（b）。170℃のオーブンで20分焼く。

モカブラウニー

コーヒーの香りとほのかな苦みが漂う大人の味。
水切りした豆腐を使うので時間が経ってもしっとり。

材料 18cm角のスクエア型1台分

A 米粉 … 100g
　アーモンドプードル … 70g
　ココアパウダー … 30g
　インスタントコーヒー（粉末）… 10g
　てんさい糖 … 40g
　ベーキングパウダー … 小さじ1
　塩 … ひとつまみ
B 水切りした木綿豆腐 →P69参照 … 50g
　米油 … 大さじ5
　メープルシロップ … 大さじ4
　豆乳 … 100㎖
　チョコレート … 30g
マカダミアナッツ … 50g
メープルシロップ … 適量

下準備

・マカダミアナッツは粗く刻む。
・オーブンシート（タテ25cm×ヨコ32cm）の四隅
　に切り込みを入れて型に敷く。→P81参照
・オーブンは170℃に予熱する。

作り方

1 ボウルに**B**のチョコレートを入れて湯
せんで溶かし、残りの材料を加えて
ハンディブレンダーで攪拌する。

→ 湯せん：ボウルの底を沸騰した湯（50
〜60℃）につけて間接的に温めること。

2 **A**をボウルに入れてゴムベラで均一
に混ぜ、**1**を入れてよく混ぜてからマ
カダミアナッツの半量を加え、全体を
しっかり混ぜる。

3 生地を型に流し入れ、ゴムベラで生
地をならす（**a**）。残りのマカダミアナッ
ツにメープルシロップをからめて表面
に散らす（**b**）。

4 170℃のオーブンで25〜30分焼く。

→ 竹串を刺して濡れた生地がついてこな
ければ焼き上がり。

保存	
冷蔵	冷凍
2〜3日	2〜3週間

食べ方
[冷蔵] 冷やして、そのまま。または ラップに包み、電子レンジで20〜 30秒ほど温める。[冷凍] ラップに 包み、電子レンジで30〜50秒ほ ど温める。または冷蔵室で解凍後、 アルミホイルに包みオーブントース ターで5〜6分温める。

ラズベリーと甘酒のカップケーキ

ふんわり、しっとり。
甘酒のやさしい甘さにラズベリーの酸味をきかせたメリハリのある味です。
温めると甘酒の香りがふわっと漂います。

材料 口径8cmのプリン型6個分

A 米粉 … 120g
アーモンドプードル … 45g
片栗粉 … 30g
てんさい糖 … 40g
ベーキングパウダー
　　　… 小さじ1と½
重曹 … 小さじ¼
塩 … ひとつまみ

B 米油 … 大さじ4
甘酒 … 大さじ3
レモン汁 … 大さじ1
豆乳 … 140㎖

ラズベリー（冷凍）… 18粒

下準備

・プリン型にグラシンカップを入れる。
・オーブンは170℃に予熱する。

ラズベリー（冷凍）
強い酸味、プチプチした食感が特徴。焼き菓子に加えても鮮やかな色があせず華やか。

保 存	
冷蔵	冷凍
2~3日	2·3週間

食べ方

[冷蔵] ラップに包み、電子レンジで20～30秒ほど温める。[冷凍] ラップに包み、電子レンジで30～50秒ほど温める。または冷蔵室で解凍後、アルミホイルに包みオーブントースターで5～6分温める。

作り方

Aをボウルに入れ、ゴムベラで均一に混ぜる。別のボウルでBを泡立て器でよく混ぜ合わせる。

➡ Bを混ぜる際はボウルの側面に泡立て器を当てながら全体を混ぜ、油をしっかり乳化させる。

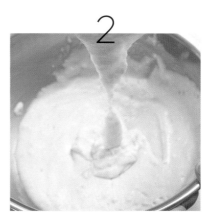

AにBを入れ、ゴムベラの面でボウルの底をかくように混ぜる。

➡ 生地は少しゆるめのたらりとした状態でOK。

生地をプリン型に流し入れ、ラズベリーを3粒ずつのせる。

➡ グラシンカップで焼くと、生地が型にこびりつかず取り出しやすい。

天板に並べたら時間をおかずに170℃のオーブンで15分、160℃に下げて15分焼く（スピーディにオーブンへ入れないとふくらみが悪くなる）。

➡ 焼き上がったらすぐ型から出して網の上で冷ます。型に入れたままだと蒸れてしぼむ原因に。

いちごとカスタードのタルト＆
南国風マンゴータルト

焼いたタルト生地は冷凍できるので、
好きなときにいろいろなトッピングが楽しめます。
サクサクッとしたタルトにまろやかなクリーム、
旬のフルーツはお好みで。

基本のミニタルト生地

材料 タルト型／口径8cm×深さ2cmの花形4個分・
長さ12cm×深さ1.5cmの舟形4個分

A 米粉 … 80g
　アーモンドプードル … 35g
　片栗粉 … 15g
　てんさい糖 … 10g
　塩 … ひとつまみ

B ココナッツオイル（米油でも可）
　　 … 大さじ3
　メープルシロップ … 大さじ2
　豆乳 … 大さじ1

下準備

・オーブンは170℃に予熱する。

<保存方法>
焼いたミニタルトは1個ずつラップに包み、保存袋に入れて冷蔵室、もしくは冷凍室で保存する。

※生地のみ冷凍可

保存	
冷蔵	冷凍
2〜3日	1か月
食べ方	

冷蔵 下線部と同様。冷凍 ラップに包み、電子レンジに20秒ほどかけて（もしくは冷蔵室に移して）解凍後、アルミホイルに包みオーブントースターで4〜6分温める。

作り方

1

Aをボウルに入れ、ゴムベラで均一に混ぜる。別のボウルでBを泡立て器でよく混ぜ、大さじ1程度を残して加える。ゴムベラで切るようになじませ手で混ぜる。

2

手で生地をひとまとめにする。まとまらなければ1で残したB、もしくは豆乳を加えて調整する。

3

生地を30gずつ分割する。生地が乾燥するとひび割れの原因になるのでラップをかける。

4

オーブンシートの上に生地を移してラップをかけ、型よりひとまわり大きくめん棒でのばす。型に生地を敷き込む。

➡ 親指で型の側面に生地を沿わせ、上から押して生地の厚さを均一にし、上面を平らに整える。はみ出した生地は取り除く。

5

天板に並べ、生地の底部分だけフォークでピケをする。170℃のオーブンで20分焼く。途中、7〜8分で様子を見てふくらんでいたらフォークで空気を抜く。

➡ 焼き上がったらタルト型ごと網の上で冷まし、粗熱がとれたら型から取り出す。

お好みのアレンジでリッチなフルーツタルトに！

**いちごと
カスタードのタルト**

タルト生地 … 1個
米粉のカスタードクリーム
→P68参照 … 適量
いちご、ラズベリージャム＋水
… 適量

作り方

❶ タルト生地に米粉のカスタードクリームを入れ、タテ切りや輪切りにしたいちごをのせる。
❷ 少量の水でのばしたラズベリージャムをいちごにかける。

**南国風
マンゴータルト**

タルト生地 … 1個
ココナッツカスタードクリーム
→P68参照 … 適量
マンゴー、ライム … 各適量

作り方

❶ タルト生地にココナッツカスタードクリームを入れ、角切りにしたマンゴーをのせてライムの皮をすりおろしてかける。

米粉のカスタードクリーム

米粉と粉寒天でとろみをつけた軽やかな口あたり

材料 作りやすい分量

A 米粉 … 30g
　てんさい糖 … 30g
　粉寒天 … 小さじ1

メープルシロップ … 大さじ3
豆乳 … 300㎖
バニラビーンズ … 2㎝程度

作り方

1

鍋に**A**を入れる。バニラビーンズは、さやを割って種をこそいでからさやも入れる。

2

メープルシロップ、豆乳大さじ1～2を先に入れて耐熱ゴムベラで全体をなじませ、残りの豆乳も加えて混ぜる。

3

鍋を中火にかけ、とろみが出てフツフツ沸いてきたら弱火にし2～3分火を入れる。

➡ とろみがつき始めたら力を入れてしっかりかき混ぜると、なめらかになる。

4

容器に入れて表面にラップを貼りつける。水を入れたバットに置き、保冷剤を当てて冷やす。粗熱がとれたらふたをして冷蔵室で保存する。

ARRANGE CREAM
ココナッツカスタードクリーム

マンゴーやパイナップル、
バナナなど南国フルーツに合う！

上記、米粉のカスタードクリーム100gに対しココナッツミルク大さじ1を混ぜる。

豆腐クリーム

できたてよりも時間をおいたほうがバニラが香ります

保存
冷蔵
冬場 **3〜4**日
夏場 **2**日程度

材料 作りやすい分量

木綿豆腐 … 1丁（300g）
バニラビーンズ … 2〜3cm程度
メープルシロップ … 大さじ4〜5
塩 … ひとつまみ
豆乳 … 適量

作り方

1 鍋に湯を沸かして豆腐を入れる。豆腐が少しゆれるくらいの火加減で5分ほどゆでる。

2 ザルにあげてバットを敷く。豆腐の上に別のバットを置き、1kg程度の重し（粉や砂糖が入った袋など）をのせて30分〜1時間おいて水きりする。

3 豆腐の重さの1〜2割ほど水分が抜ければOK。300gの豆腐なら240〜270g程度になる（**a**）。

4 深めの容器に **3**、こそいだバニラビーンズの種、メープルシロップの⅔量、塩を入れて、ハンディブレンダーで撹拌する。

➡ ハンディブレンダーが回りにくければ、味をみてメープルシロップか豆乳を加えて調整する。

5 なめらかなクリーム状になり、ツヤが出たらできあがり（**b**）。容器に入れて冷蔵室で保存する。

手作りあんこ

てんさい糖のやさしい甘みで小豆の風味がきわ立つ

保存	
冷蔵	冷凍
3〜4日	**1**か月
食べ方	
冷蔵室に移して解凍。	

材料 作りやすい分量

小豆 … ½カップ
水 … 400〜500㎖
てんさい糖 … 大さじ2〜3＋お好みで
塩 … ひとつまみ

下準備

鍋に洗った小豆とたっぷりの水（分量外）を入れて一晩浸水させる。翌日、鍋の水を捨てて新しく水を加える。

作り方

1 鍋を中火にかけ、沸騰したら火を弱めてアクをとりながら、50分〜1時間ほど煮る。小豆がやわらかくなり、鍋を傾けたときに煮汁が少し残る程度になればOK。

➡ 煮ている途中で水が少なければ足し、常に小豆が煮汁に浸っている状態にする。

2 鍋にてんさい糖を一度に加えて中火にかけ、鍋底が焦げつかないように木ベラで軽くかき混ぜながら煮る。

➡ ツヤがなくなるのでぐるぐると強くかき混ぜない。

3 とろみがつき、鍋底を木ベラでかいて小豆がゆっくり戻る程度まで煮えたら、塩を加えて味をととのえる（**a**）。

4 容器に入れて表面にラップを貼りつけて冷ます（**b**）。粗熱がとれたらふたをして冷蔵室、もしくは冷凍室で保存する。

圧力鍋で作る場合

圧力鍋に洗った小豆½カップと水1と½カップを入れて強火にかける。沸騰したらふたをし、圧がかかったら弱火で25分炊く。圧が抜けたら小豆がやわらかいことを確認し、左記の **2** 以降と同様に煮る。

いちごのカスタード包みクレープ＆
豆腐クリームと小豆の抹茶クレープ

米粉で作るクレープはしっとり、もちっ。抹茶を加えて味に変化をつけます。
トッピングには手作りのクリームやソースを添えて。

基本のクレープ生地

材料　直径15cmの円形／プレーン・抹茶味 各4～5枚分

A 米粉 … 100g
　片栗粉 … 20g
　てんさい糖 … 大さじ2
豆乳 … 240㎖
B 抹茶パウダー … 大さじ1
　てんさい糖 … 小さじ2
米油 … 適量

トッピング
豆腐クリーム、米粉のカスタードク
リーム、手作りあんこ 〔→P68、69参照〕
　… 各適量

<保存方法>
クレープは1枚ずつラップに包み保存袋に入れて冷蔵室、もしくは冷凍用保存袋に入れて冷凍室で保存する。

保存	
冷蔵	冷凍
2・3日	2～3週間

食べ方
冷蔵 ラップに包み、電子レンジで10～20秒温める。
冷凍 ラップに包み、電子レンジに30～50秒ほどかけて解凍後、クリームなどお好みのトッピングをのせる。

作り方

1

Aをボウルに入れて泡立て器で均一に混ぜ、豆乳を少しずつ加えながら混ぜる。

2

1を半量ずつボウルに移し、片方にBを加えてよく混ぜる。

3

抹茶パウダーは液体となじみにくいので、Bの生地は濾してダマを取り除く。

4

フライパンを中火にかけてよく熱し、米油を染み込ませたキッチンペーパーでなじませる。濡れぶきんの上に置き、お玉で生地を流し入れる。

➡ 一旦フライパンの温度を下げることで、生地がきれいに広がる。

5

フライパンをコンロに戻し、強めの弱火で焼く。生地の表面が乾いてふちがはがれたら、つまんで裏返し20～30秒焼いて取り出す。抹茶味も同様に焼く。

➡ 焼けたものは、ラップなどをかぶせて乾かないようにする。

いちごのカスタード包みクレープ

豆腐クリームと米粉のカスタードクリームを1：3の割合で混ぜる。クレープの中央にクリームを置き、生地の上下左右をたたんでひっくり返す。いちごソース(いちご3つを半分に切り、レモン汁小さじ¼、メープルシロップ大さじ1であえる)、レモンの皮のすりおろしをかける。

豆腐クリームと小豆の抹茶クレープ

お好みのサイズに折りたたんだ抹茶クレープにあんこと豆腐クリームを添える。

レアチーズケーキ

軽やかなチーズ風味の生地を支えるのは、香ばしいクランブル。
作りたてはカリッとしていますが、一度冷凍してから解凍したときの
しっとり感もおすすめ。生地と混ざり合うおいしさも楽しめます。

材料 直径6cm×高さ4.5cmのセルクル型6個分

A 米粉 … 45g
アーモンドプードル … 20g
てんさい糖 … 20g
米油 … 大さじ2〜3

B メープルシロップ … 大さじ3
レモン汁 … 大さじ1と½
粉寒天 … 小さじ½

C 水切りした豆乳ヨーグルト
… 300g
てんさい糖 … 60g
ココナッツオイル
… 75mℓ
塩 … 小さじ⅓
オレンジの皮のすりおろし
… ⅓個分
ラズベリージャム … 小さじ3

下準備

・豆乳ヨーグルト600gをキッチンペーパーに包んでザルにのせ、下にボウルを置く。半日〜一晩、冷蔵室に入れて300gになるまで水をきる（急ぐときは、ラップをかけて重しをのせると時短になる）。
・水切りしたヨーグルトは室温に戻しておく。
・天板にオーブンシートを敷く。
・オーブンは180℃に予熱する。

<保存方法>
セルクルごとラップで包み保存袋に入れて、冷蔵室もしくは冷凍用保存袋に入れて冷凍室で保存する。

保存	
冷蔵	冷凍
2〜3日	2〜3週間
食べ方	

冷蔵 そのまま。冷凍 保存袋に入れたまま、冷蔵室に移して解凍し、冷たい状態でいただく。

作り方

1

A（米油以外）をボウルに入れ、手で均一に混ぜる。米油を2〜3回に分けて少しずつ加え、5本指を広げてかき混ぜそぼろ状にする。

➡ こねずに指先で混ぜる。粒の大小はお好みのサイズでOK。

2

天板全体に生地を広げ、180℃のオーブンで10〜15分、きつね色になるまで焼く。

3

小鍋にBを入れてゴムベラで混ぜながら中火にかけ、沸いたら弱火にして1分ほど火を入れる。

4

ボウルにCを入れて3を加え、ハンディブレンダーでよく撹拌する。

➡ 豆乳ヨーグルトが冷たいと寒天が固まりダマになるため、必ず室温に戻しておく。

5

バットにオーブンシートを敷き、セルクルの底に2を敷き、ゴムベラで4を型の半分程度の高さまで入れる。

6

スプーンでラズベリージャムをのせ、上に残りの生地を入れる。冷蔵室で2時間以上冷やし固める。

➡ セルクルから取り出す際は、薄いペティナイフを型の内側に沿わせるか、温めたふきんで型を温める。

ベイクドチーズケーキ

豆乳ヨーグルトをチーズ風味に変えるこだわりの配合です。
しっとり濃厚な生地を割ると、中からアプリコットが！
やわらかな食感とほどよい酸味がアクセント。

材料　口径8cmのプリン型6個分

水切りした豆乳ヨーグルト
　　… 300g
てんさい糖 … 40g
はちみつ … 大さじ3
レモン汁 … 大さじ2

米粉 … 20g
ココナッツオイル（米油でも可）
　　… 60㎖
塩 … 小さじ¼
ドライアプリコット … 6個

下準備

・ 豆乳ヨーグルト600gをキッチンペーパー
　に包んでザルにのせ下にボウルを置く。半
　日～一晩、冷蔵室に入れて300gになる
　まで水をきる（急ぐときは、ラップをかけて
　重しをのせると時短になる）。
・ ドライアプリコットは2cm角に切る。
・ プリン型にオーブンシートを敷く。
・ オーブンは160℃に予熱する。

作り方

アプリコット以外の材料をすべてボウルに入れ、ハンディブレンダーでなめらかになるまで撹拌する。

ゴムベラで生地を均等にプリン型に入れる。

アプリコットを3〜4切れずつ生地にのせる。

ゴムベラでアプリコットを生地の中に押し込む。

天板にのせて160℃のオーブンで15分焼く。焼き上がったらプリン型ごと網の上で冷ます。

粗熱がとれたらプリン型から取り出し冷蔵室で冷やす。

栗のクリームサンド

秋になったらぜひ試してほしい季節を感じるクッキーサンドです。
栗をゆでてクリームにするひと手間が、想像以上のおいしさを運んできます。
さっくりしたクッキーと香り高い栗クリームのコンビネーションが絶品。

材料 2cm×7.5cm×厚さ3cmのスティック形11組分

A 米粉 … 75g
　アーモンドプードル … 45g
　てんさい糖 … 10g
　片栗粉 … 30g
　ベーキングパウダー
　　　… 小さじ½
　塩 … ひとつまみ

B ココナッツオイル（米油でも可）
　　　… 大さじ4と½
　メープルシロップ … 大さじ2
　豆乳 … 大さじ2
栗クリーム →下記参照 … 適量

下準備

・絞り出し袋に口金をセットし、栗クリームを入れる。
　＊絞り出し袋の使い方はP25参照。
・天板にオーブンシートを敷く。
・オーブンは160℃に予熱する。

作り方

1 Aをボウルに入れ、ゴムベラで均一に混ぜる。

2 別のボウルでBを泡立て器でよく混ぜ、大さじ1程度を残して加える。ゴムベラで混ぜてから手でひとまとめにする。

➡ 生地がまとまらなければ残したB、もしくは豆乳を入れて調整する。

3 オーブンシートの上に生地を移してラップをかけ、めん棒でタテ15cm×ヨコ20cm×厚さ8mmを目安にのばす。横半分に切ってから2cm弱程度の幅にカットする。

➡ 生地をのばす際は、初めに手で四角く形を整えてからめん棒をかけるとのばしやすい。

4 3を天板に並べ、160℃のオーブンで15分、140℃で8〜10分焼く。焼き上がったらオーブンシートごと網の上で冷ます。

5 クッキーが冷めたら栗クリームを絞る。左手でクッキーを持ち、クリームを4つ絞る。もう1枚のクッキーでサンドする。

栗クリームの作り方

材料 作りやすい分量
ゆで栗（中身を取り出した
　　　正味）… 200g
ココナッツオイル … 30g
てんさい糖 … 60g
水または豆乳 … 60㎖
ラム酒 … 小さじ1〜1と½
＊お子さんやお酒が弱い人はラム酒を省く。

材料をすべてボウルに入れ、ハンディブレンダーでなめらかになるまで撹拌する。固いときは水か豆乳を少し足す。保存容器に入れて冷蔵保存2〜3日OK（時間が経つと香りが薄れるのでお早めに）。

ブルーベリーのアーモンドケーキ

ちょっとつまむのにちょうどいいミニサイズのケーキ。
アーモンドプードル多めの配合でコクがあり、ブルーベリー
との相性も◎。ついもう1個と手がのびます。

材料 直径6cm×深さ4cmのココット型7個分

A 米粉 … 50g
　アーモンドプードル … 50g
　片栗粉 … 15g
　てんさい糖 … 20g
　ベーキングパウダー
　　… 小さじ½
　塩 … ひとつまみ

B 豆乳 … 70㎖
　米油 … 大さじ3
　メープルシロップ … 大さじ2
　バニラビーンズ … 2cm程度
ブルーベリー … 80g
アーモンド（ホール） … 7粒

下準備

・バニラビーンズはさやを割って
　種をこそげる。
・アーモンドはタテ半分に切る。
・オーブンは170℃に予熱する。

78

保存	
冷蔵	冷凍
2～3日	2～3週間
食べ方	

[冷蔵] ラップに包み、電子レンジで20～30秒ほど温める。[冷凍] ラップに包み、電子レンジで30～50秒ほど温める。または冷蔵室で解凍後、アルミホイルに包みオーブントースターで4～5分温める。

作り方

Aをボウルに入れ、ゴムベラで均一に混ぜる。別のボウルでBを泡立て器でよく混ぜ合わせてから加え、ゴムベラでしっかり混ぜる。

型の半分くらいまで生地を注ぐ。

ブルーベリーを2～3粒ずつ入れて残りの生地を注ぐ。

表面にブルーベリー2～3粒ずつとアーモンド1粒分をのせる。天板に並べ、170℃のオーブンで20分焼く。

にんじんクランブルケーキ

にんじんの風味と甘いスパイスの香り、食感はふんわりもちっ。
ケーキという名前ながらパンのような食べごたえがあります。
ホーロー容器を型として使う、とっても手軽なレシピです。

材料　14cm×23cm×高さ5cmのホーロー容器1つ分

A 米粉 … 120g
アーモンドプードル … 60g
片栗粉 … 35g
てんさい糖 … 45g
ベーキングパウダー … 小さじ2
重曹 … 小さじ⅓
シナモンパウダー … 小さじ½
ジンジャーパウダー … 小さじ¼
ナツメグパウダー … 少々
塩 … ひとつまみ

B 米油 … 大さじ3
メープルシロップ … 大さじ2
豆乳 … 120㎖
にんじん … 120g

C 米粉 … 40g
アーモンドプードル … 20g
てんさい糖 … 20g
米油 … 大さじ2〜3

<保存方法>
ケーキは翌日まで常温保存可。冷蔵する場合は保存容器に入れ、冷凍する場合は切れずつラップに包み保存袋に入れて冷凍室へ。

保存	
冷蔵	冷凍
2〜3日	**2〜3**週間
食べ方	

冷蔵 ラップに包み、電子レンジで20〜30秒ほど温める。冷凍 ラップに包み、電子レンジで30〜50秒ほど温める。または冷蔵室で解凍後、アルミホイルに包みオーブントースターで4〜6分温める。

下準備

・にんじんは厚さ1cm程度のいちょう切りにする。
・ホーロー容器にオーブンシートを敷く（右下参照）。
・オーブンは170℃に予熱する。

作り方

1
Aをボウルに入れ、ゴムベラで均一に混ぜる。

2
Bを別の容器に入れ、ハンディブレンダーで撹拌する。にんじんが細かくなり全体が乳化すればOK。

3
C（米油以外）をボウルに入れ、手で均一に混ぜる。米油を2〜3回に分けて少しずつ加え、5本指を広げてぐるぐるかき混ぜそぼろ状にする。

➡ こねずに指先で混ぜる。粒は大小お好みのサイズでOK。

4
1に2を加えてゴムベラでしっかり混ぜ、粉と液体をよくなじませる。

5
生地をホーロー容器に流し入れ、3をのせる。天板に置いて170℃のオーブンで30〜35分焼く。竹串をさしてベタついた生地がつかなければ、焼き上がり。

型にオーブンシートを敷く

オーブンシートは、容器よりひとまわり大きく切って四隅から斜めの切り込みを入れて使う。

ピーナッツバターケーキ

クリーミーなピーナッツバターを生地に混ぜ込んでトップにもピーナッツ！
コクのあるメープルシロップの甘みもあいまって香ばしさ満点です。

食べ方

[冷蔵] ラップに包み、電子レンジで20~30秒ほど温める。[冷凍] ラップに包み、電子レンジで30~50秒ほど温める。または冷蔵室で解凍後、アルミホイルに包みオーブントースターで4~6分温める。

材料 14cm×23cm×高さ5cmの ホーロー容器1つ分

A 米粉 … 150g
　アーモンドプードル … 60g
　片栗粉 … 45g
　てんさい糖 … 60g
　ベーキングパウダー … 小さじ2
　重曹 … 小さじ¼
　塩 … ひとつまみ
B 米油 … 大さじ2
　メープルシロップ … 大さじ2
　豆乳 … 180㎖
　ピーナッツバター（無糖）… 100g
ピーナッツ … 適量

下準備

・ホーロー容器にオーブンシートを敷く。
・オーブンは170℃に予熱する。

ピーナッツ
落花生をローストし薄皮をとったもの。塩や油脂などが添加されていないタイプを選ぶ。

作り方

1 Aをボウルに入れ、ゴムベラで均一に混ぜる。

2 Bのメープルシロップとピーナッツバターを別のボウルに入れて泡立て器で練り混ぜ、残りの材料を加えてしっかり混ぜる。

3 1に2を加えてゴムベラでしっかり混ぜ、粉と液体をよくなじませる（a）。

4 生地をホーロー容器に流し入れ、表面にピーナッツを散らす（b）。

→ 生地は四隅まで行き渡るようにゴムベラでならすとよい。

5 天板にのせて170℃のオーブンで約30分焼く。竹串をさしてベタついた生地がつかなければ、焼き上がり。

→ 保存方法はP80にんじんクランブルケーキ参照。

バナナチョコパウンドケーキ

しっとり、ふんわり、ちょっともっちり。
たっぷり加えたバナナとチョコレートは鉄板の組み合わせ!

材料

18cm×8cm×高さ6cmの
パウンド型1台分

A 米粉 … 120g

　　アーモンドプードル … 50g

　　片栗粉 … 35g

　　てんさい糖 … 50g

　　ベーキングパウダー … 小さじ1と½

　　重曹 … 小さじ¼

　　塩 … ひとつまみ

B 豆乳 … 125㎖

　　ココナッツオイル（米油でも可） … 大さじ4

　　メープルシロップ … 大さじ2

　　バナナ（正味） … 120g

チョコレートチップ … 20g

下準備

・ パウンド型にオーブンシートを敷く。

・ オーブンは170℃に予熱する。

作り方

1 ボウルに**B**のバナナを入れてフォークで粗くつぶし、残りの材料を加えて泡立て器でしっかり混ぜ合わせる。

2 **A**をボウルに入れ、ゴムベラで均一に混ぜる。1、チョコレートチップを加え、ゴムベラでよく混ぜる（a）。

3 生地をパウンド型に流し入れ、170℃のオーブンで20分、160℃に下げて15分焼く。竹串をさしてベタついた生地がつかなければ、型ごと網の上に置く（b）。

→ 2～3分冷ましてからオーブンシートごと取り出し、完全に冷めてからカットする。

保存	
冷蔵	冷凍
2～3日	2～3週間

食べ方	

冷蔵 ラップに包み、電子レンジで20～30秒ほど温める。冷凍 ラップに包み、電子レンジで30～50秒ほど温める。または冷蔵室で解凍後、アルミホイルに包みオーブントースターで4～6分温める。

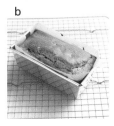

りんごの薄焼きタルト

ノンバターとは思えないサクサクの生地に
ジューシーなりんごをたっぷりのせたごちそうタルトです。
タルト型を使わないから気負わず簡単に作れます。

材料 直径9cmの円形4個分

A 米粉 … 120g
アーモンドプードル … 50g
片栗粉 … 20g
てんさい糖 … 15g
塩 … ふたつまみ

B ココナッツオイル（米油でも可）
　　 … 大さじ4
メープルシロップ … 大さじ3
豆乳 … 大さじ2

ココナッツオイル（米油でも可）
　　 … 大さじ¼
りんご … 1個（約150〜200g）
メープルシロップ … 大さじ1
レモン汁 … 小さじ1
シナモンパウダー … 小さじ¼
くるみ（ローストしたもの）… 適量
てんさいグラニュー糖 … 適量

下準備

・くるみは粗く刻む。
・天板にオーブンシートを敷く。
・オーブンは190℃に予熱する。

保存	
冷蔵	冷凍
2〜3日	2〜3週間
食べ方	

冷蔵 下線部と同様。冷凍 ラップに包み、電子レンジに20〜30秒ほどかけて（もしくは冷蔵室に移して）解凍後、アルミホイルに包みオーブントースターで4〜6分温める。

作り方

1

りんごは皮付きのまま8等分のくし形切りにしてから半分の長さに切る。フライパンにココナッツオイルを入れて中火で熱し、りんごを炒める。

2

少ししんなりしてきたらメープルシロップ、レモン汁を加えてさらに炒め、水分がなくなってきたらシナモンを入れてからめる。

3

Aをボウルに入れ、ゴムベラで均一に混ぜる。別のボウルでBを泡立て器でよく混ぜ、大さじ1程度を残して加える。ゴムベラで切るように混ぜてまとめる。

➡ 生地がまとまらなければ残したB、もしくは豆乳を加えて調整する。

4

生地を4等分する。オーブンシートの上に生地をのせてラップをかけ、直径12cm×厚さ8mmを目安にめん棒で円形にのばす。

5

生地の真ん中にくるみ、上に2をのせる。オーブンシートごと持ち上げて生地のふちを2cmほど内側に折りたたむ。

6

天板に並べてグラニュー糖を上からふりかけ、190℃のオーブンで20〜25分焼く。

ラムレーズンの薄焼きタルト

サックサクのタルトにラム酒のきいたフィリングを詰めました。
大きく焼いてみんなで切り分けながら食べるのも楽しい！
タルトはむずかしいと敬遠している人に試してほしいレシピです。

材料 14cm×18cmの長方形1台分

A 米粉 … 80g

　アーモンドプードル … 35g

　片栗粉 … 15g

　てんさい糖 … 10g

　塩 … ひとつまみ

B ココナッツオイル（米油でも可）… 大さじ3

　メープルシロップ … 大さじ2

　豆乳 … 大さじ2

C アーモンドプードル … 60g

　片栗粉 … 15g

　てんさい糖 … 10g

　ベーキングパウダー … 小さじ⅓

　塩 … ひとつまみ

D ココナッツオイル（米油でも可）… 大さじ2

　メープルシロップ … 大さじ1

　豆乳 … 大さじ2

レーズン … 30g

ラム酒 … 大さじ1

レーズン

カリフォルニア産で白然な甘さ。オイルコーティングされていないものを選んで。

保存	
冷蔵	冷凍
2〜3日	**2〜3**週間

食べ方
冷蔵 下線部と同様。冷凍 ラップに包み、電子レンジに20〜30秒ほどかけて（もしくは冷蔵室に移して）解凍後、アルミホイルに包みオーブントースターで4〜6分温める。

下準備

・オーブンは180℃に予熱する。

作り方

1

Aをボウルに入れ、ゴムベラで均一に混ぜる。別のボウルでBを泡立て器でよく混ぜ、大さじ1程度を残して加える。ゴムベラで切るように混ぜる。

2

全体がなじんだら手で生地を混ぜてひとまとめにする。まとまらなければ1で残したB、もしくは豆乳を加えて調整する。

3

オーブンシートの上に生地を移してラップをかけ、タテ18cm×ヨコ14cm×厚さ1cmを目安にめん棒でのばす。外周の生地を指で1cmほど立ち上げる。

➡ 生地をめん棒でのばしたあと、周囲を包丁の背で整えると平らになる。

4

Cをボウルに入れ、ゴムベラで均一に混ぜる。別のボウルでDを泡立て器でよく混ぜ、レーズン、ラム酒とともに加えて混ぜる。

5

3に4を流し入れて表面をゴムベラでならす。シートごと天板にのせて180℃のオーブンで20〜25分焼く。

➡ 焼けたらオーブンシートごと網の上で冷まし、粗熱がとれてからカットする。

今井ようこ

東京・深川生まれ。野菜料理と身体にやさしいお菓子の教室「roof」主宰。製菓学校を卒業したのち、株式会社サザビーにてアフタヌーンティー・ティールームの商品企画・開発を担当。2003年に独立し、カフェのメニュー開発や、パン、ケーキの受注生産を手がける。著書に『蒸すからおいしい米粉のパンとケーキ』(山と溪谷社)、『豆腐、豆乳、豆乳ヨーグルトのおやつ』(文化出版局)など。「動物性食品にしばられすぎないと、身体が喜び、整うように感じます。米粉のおやつが新しい食生活のきっかけになればうれしいです」

https://www.roof-kitchen.jp
Instagram：@arameroof

米粉のつくりおきおやつ

著　者	今井ようこ
編集人	足立昭子
発行人	倉次辰男
発行所	株式会社主婦と生活社
	〒104-8357　東京都中央区京橋3-5-7
	tel.03-3563-5321(編集部)
	tel.03-3563-5121(販売部)
	tel.03-3563-5125(生産部)
	https://www.shufu.co.jp
	ryourinohon@mb.shufu.co.jp
製版所	東京カラーフォト・プロセス株式会社
印刷所	TOPPAN株式会社
製本所	共同製本株式会社

ISBN978-4-391-16104-5

撮影協力

UTUWA
東京都渋谷区千駄ヶ谷3-50-11
明星ビルディング1階
☎03-6447-0070

材料提供

株式会社cotta
オンラインショップ
https://www.cotta.jp
☎0570-007-523(ナビダイヤル、有料)

お菓子・パン作りのための製菓材料・ラッピングの通販サイト。業務用アイテムを少ない単位、かつお手頃な価格で購入できます。

※商品の取り扱い先は、2023年12月15日現在のものです。商品の状況によって同じものが入手できない場合もあります。あらかじめご了承ください。

STAFF

撮影／山下コウ太
スタイリング／木村遥
デザイン／高橋朱里(マルサンカク)
取材・文／廣瀬亮子
校閲／滄流社
編集／芹口由佳